W0033444

Tina Willms | **Höchste Zeit für Barmherzigkeit**

Tina Willms

Höchste Zeit
für Barmherzigkeit

Inspirationen zur Jahreslosung
und den Monatssprüchen 2021

 neukirchener

Die Rechte der Texte in diesem Buch liegen bei der Autorin. Bei Interesse an einer Lesung wenden Sie sich bitte direkt an Tina Willms: tina.willms@t-online.de.

Bibliografische Information der Deutschen Nationalbibliothek:
Die Deutsche Nationalbibliothek verzeichnet diese Publikation in der
Deutschen Nationalbibliografie; detaillierte bibliografische Daten sind im
Internet über http://dnb.d-nb.de abrufbar.

© 2020 Neukirchener Verlagsgesellschaft mbH, Neukirchen-Vluyn
Alle Rechte vorbehalten
Umschlaggestaltung: Agentur 3Kreativ, Essen, unter Verwendung
eines Bildes von © Shutterstock/Nagib
Lektorat: Lea Omers
DTP: Breklumer Print-Service, www.breklumer-print-service.com
Verwendete Schrift: Adobe Garamond Pro, Cronos
Gesamtherstellung: Finidr, s.r.o.
Printed in Czech Republic
ISBN 978-3-7615-6728-9

www.neukirchener-verlage.de

INHALT

VORWORT

Der Ton wird rauer, die Sprache roher und das „Ich zuerst" lauter, so scheint mir.

Wo Menschen herabgewürdigt und beleidigt werden, wird auch der Schritt zur Gewalt immer kleiner. Das Miteinander droht zu verkommen.

Höchste Zeit für Barmherzigkeit!

Wie gut, dass sowohl die Jahreslosung als auch viele der Monatssprüche 2021 dazu auffordern, Gegenakzente zu setzen.

Es beginnt vielleicht damit, dass wir im Bild von Gott seine Barmherzigkeit hervorheben und uns von ihr prägen lassen. Es geht weiter, wenn wir den Mund für die Stummen öffnen, aufeinander achthaben und unsere Herzen auf die Liebe Gottes ausrichten. Die Liebe ist es, die uns schön und stark macht. Durch uns strahlt sie aus in die Welt.

Machen wir also das neue Jahr zum „Jahr der Barmherzigkeit"!

9

Ein Jahr, um das eigene Herz zu hüten und empfindsam zu halten und die Welt um uns herum zu gestalten.

Zwölf Monate, um hässlichen Worten zu widersprechen und geballten Fäusten Einhalt zu gebieten.

365 Tage, um unser Miteinander zu pflegen und zu prägen durch Anteilnahme, Fürsorge und Zärtlichkeit.

Ich wünsche Ihnen ein in diesem Sinne fantasievolles und inspirierendes Jahr 2021!

Hameln, im April 2020   Tina Willms

JAHRESLOSUNG 2021:
Höchste Zeit für Barmherzigkeit

Jesus Christus spricht: **Seid barmherzig, wie auch euer Vater barmherzig ist!**
LUKAS 6,36 (L=E)

Himmlisch, dieser Vater

Ganz der Vater!
Der Mutter wie aus dem Gesicht geschnitten!

Wo wir herkommen, lässt sich oft nicht verleugnen. In unseren Genen stecken unsere Vorfahren. Wir sind, jedenfalls zu einem guten Teil, was unsere Eltern und Großeltern waren.

Und wir ähneln ihnen nicht nur in Aussehen und Gesten, Mimik oder Stimme. Nein, auch in unseren Verhaltensweisen ist es so.
Wir lernen von ihnen, ahmen sie nach und übernehmen so das, was sie tun. Ihre Höflichkeit, aber auch ihre Gemeinheit, die Sanftmut ebenso wie den Zorn.
Manchmal schreiben wir auch Eigenschaften dem Erbgut zu: „Dein Onkel ist auch oft wütend geworden." „Du bist genau wie deine Großtante Erna." Meistens sind solche Sätze nicht als Kompliment gedacht.

11

Wir sind, was unsere Eltern und Großeltern waren. Wir tragen sie weiter in uns. Und doch sind wir auch anders. Die Erbanlagen sind neu gemischt. Jede und jeder von uns ist einzigartig. Niemand auf der Welt hat denselben Fingerabdruck wie ich. Und meine Iris gleicht keiner anderen.

Mit dem Verhalten aber ist es etwas komplizierter. Es anders zu machen als meine Eltern oder Großeltern, setzt einen Reflexionsprozess voraus. Oft wird der angestoßen, wenn ich anderen Menschen begegne. Bei Schulfreund*innen etwa sehe ich, dass dort manches anders gehandhabt wird als bei uns.
Ich erkenne, dass die in meiner Familie üblichen Verhaltensweisen nicht die einzig möglichen sind. Mir stehen auch andere Wege offen als die, die meine Mutter oder mein Vater gewählt haben. Wenn ich in eine Distanz trete, um meine Familie und mich wie von außen anzuschauen, werde ich lernen, mich abzugrenzen und meine eigenen Entscheidungen zu treffen. Das ist nicht so leicht, oft bin ich ja noch abhängig von meinen Eltern und ihrem Urteil. Besonders schwierig wird es, wenn sie ihr eigenes Verhalten, ihre Meinung, ihre Werte absolut setzen und mir mit Strenge und Druck eingeimpft haben. Ich gehe dann das Risiko ein, verstoßen zu werden von denen, die ich ja doch liebe.

Manchmal muss ich die neuen Verhaltensweisen lange üben. Die alten sind mir vertraut, über Jahre, ja, oft Jahrzehnte habe ich sie wiederholt. Nun kommen sie als „alte Bekannte" vorbei. Erst wenn ich sie erkenne, kann ich mich entscheiden, sie wieder fortzuschicken: „Nein, ich brauche euch nicht mehr. Ich will nicht in die alten Muster zurück!"

Wir sind, was unsere Eltern und Großeltern waren. Die Jahreslosung für 2021 nimmt dieses Motiv auf.
Seid barmherzig, wie auch euer Vater barmherzig ist.

Allerdings ist Gott nicht in unseren Genen nachweisbar. Nicht biologischer Art ist das familiäre Verhältnis mit diesem Vater. Es ist eine Wahlverwandtschaft.

Jesus, den wir seinen Sohn nennen, holt uns hinein in die Familie. Er nennt uns seine Geschwister, und so sind auch wir Kinder des Vaters im Himmel.

Wir gehören zu einer Familie, die durch den Glauben begründet ist. Dort wird aufgenommen, wer um Einlass bittet. Im Haus des himmlischen Vaters sind viele Wohnungen.

Und: Hier sollen die Umgangsformen der Liebe geübt werden. Hier soll den Menschen Güte und Barmherzigkeit begegnen. Auch, ja, vielleicht besonders jenen, die im eigenen Elternhaus Härte oder gar Gewalt erfahren haben.

Jesus zeigt in der bei Lukas aufgeschriebenen Feldrede Facetten einer solchen Barmherzigkeit auf: nicht über andere Menschen zu richten, abzugeben von dem, was ich habe, ja, sogar die Feinde zu lieben.

Selbst, wer es anders erfahren hat, soll in dieser von Gott selbst geprägten Familie spüren: Hier werde ich angenommen und geliebt. Hier darf ich aussteigen aus den alten Mustern, wenn sie mir oder anderen nicht guttun und darf mich verändern.

Ich kann die Fähigkeit entwickeln, barmherzig zu sein. Ich kann mein Talent zu lieben ausbauen und fördern. Mein Leben erhält eine neue Ausrichtung und einen anderen Sinn.

Gebet: Deine Kinder

Gott, guter Vater,
du hast dein Herz gehütet
und es anrührbar gemacht.
Mit freundlichen Augen
schaust du mich an.
Deine Liebe zu mir
übersteht meine Fehler.

In deinem Wortschatz
finden sich
die alten, zärtlichen Worte:
Erbarmen, Gnade,
Güte, Barmherzigkeit.

Lehre mich deine Sprache,
lass mich weitergeben,
was ich erfahre von dir:

Damit ich anderen begegne
mit freundlichem Gesicht,
gütigen Worten,
stärkenden Gesten
und einem weiten Herzen.

Die Tentakel des Krieges

Andreas Altmann hatte keinen barmherzigen Vater.

Vom Nationalsozialismus geprägt kehrt sein Vater frustriert und verroht aus dem Krieg zurück und führt den Familienbetrieb fort. Ausgerechnet mit Devotionalien handelt er. Rosenkränze, Kruzifixe und Heiligenbilder verkaufen sich gut, nach außen wird der Vater ein erfolgreicher und angesehener Geschäftsmann. In der eigenen Familie jedoch führt er mit nationalsozialistischem Geist und militärischer Härte den verlorenen Krieg weiter. Er tyrannisiert Frau und Kinder, teilt sie zu „Arbeitsdiensten" ein, verprügelt sie wegen Kleinigkeiten und verletzt sie mit abwertenden Worten.

Sein Sohn flieht schließlich vor ihm. Doch er braucht Jahrzehnte, um sich auch innerlich von seinem Vater zu lösen.

Andreas Altmann hat ein Buch mit einem provozierenden Titel über seine Erfahrungen geschrieben: „Das Scheißleben meines Vaters, das Scheißleben meiner Mutter und meine eigene Scheißjugend". Worte, die Eltern ihren Kindern verbieten.

Zorn und Frust spiegeln sich darin wider. Wer das Buch liest, kann das verstehen. Denn was Andreas Altmann beschreibt, ist erschütternd. Und doch, so scheint mir, ist er mit seinen Kindheitserlebnissen nicht allein:

Als er aufwuchs, gab es in Deutschland kaum eine Familie, die nicht vom Krieg gezeichnet war, der von ihrem eigenen Land ausgegangen war.

Ich selbst erinnere mich an schwarz gerahmte Fotos, die junge Männer in Uniform zeigten. In den Häusern meiner Großeltern stand jeweils eines davon. Meine gefallenen Onkel.

Die Männer aber, die aus dem Krieg zurückkamen, waren versehrt, viele am Leib, so gut wie alle an der Seele. Sie hatten Furchtbares gesehen und auch selbst getan. Die wenigsten sprachen darüber. Vielen gelang es, sich ein einigermaßen „normales" Leben aufzubauen, manche wurden an ihren Erlebnissen krank, andere verrohten.

Ich habe selbst mit Menschen meiner Generation gesprochen, die keine barmherzigen Väter hatten. Manche, vor allem die Jungen, wurden wegen Kleinigkeiten beinahe zu Tode geprügelt. Wie Berserker gingen die eigenen Väter auf sie los.

Die Frustration und der Zorn über das, was sie selbst erlebt und angerichtet hatten, verleitete sie dazu, sich als Opfer zu fühlen, statt Verantwortung zu übernehmen. Zu den Folgen unbearbeiteter Traumata – auch, ja, vielleicht gerade der „Täter" – gehören unter anderem die mangelnde Impulskontrolle und ein fehlendes Einfühlungsvermögen.

Andreas Altmann ist es gelungen, sich von seinem Vater abzugrenzen. Er ist ausgestiegen aus seiner eigenen Opferrolle. Durch sein Buch hat er darauf aufmerksam gemacht, wie ein Krieg weiterwirkt, auch wenn er lange zu Ende ist.

Seid barmherzig, wie auch euer Vater barmherzig ist! Ich lese die Jahreslosung als eine Einladung, die Folgen eines – wie es Kriegen eigen ist – unbarmherzigen Krieges und seiner traumatisierenden Folgen ein Jahr lang besonders in den Blick zu nehmen.

Wie wirkt es sich aus, dass die heutigen Generationen mit versehrten Eltern, Großeltern und Urgroßeltern aufwuchsen? Wo zeigen sich alte Muster auf eine unheilvolle Weise? Was hilft, sie zu durchbrechen und die Dinge anders zu machen?

Und wie wirken sich die Kriegserfahrungen derer aus, die heute als Geflüchtete bei uns Schutz suchen? Was ist notwendig, damit sie in ein gutes Leben finden können? Als Theologin frage ich mich auch, welche Namen für Gott wir jenen anbieten können, deren Vaterbild beschädigt ist. Freundin oder guter Hirte, Licht der Welt oder Quelle der Liebe sind einige davon.

Es ist ein langer, oft generationsübergreifender Prozess, bis Wunden heilen und vernarben. Barmherzigkeit einzuüben, barmherzig zu werden, so wie Gott selbst es ist, könnte ein Beitrag dazu sein.

> (nach Andreas Altmann: Das Scheißleben meines Vaters, das Scheißleben meiner Mutter und meine eigene Scheißjugend, Piper Verlag, München, 4. Auflage 2015.)

Ein Jahr der Barmherzigkeit

Ach, wäre doch die Barmherzigkeit eine dem Menschen gegebene Grundkonstante. Ach stellte sie sich doch ganz von alleine ein.
Leider ist es nicht so.
Wer Barmherzigkeit erfahren hat, hat es zwar etwas leichter, selbst gütig mit anderen umzugehen. Ein Vorbild hat ja gezeigt, wie es gehen kann. Und doch heißt es nicht, dass er oder sie selbst immer barmherzig sein wird.

Barmherzigkeit ist kein Wesens- oder Charakterzug, der angeboren und darum immer verfügbar ist. Sie scheint vielmehr einer dem Menschen innewohnenden Entropie zu unterliegen. Sie kann verwahrlosen oder verwildern. Darum will sie gepflegt, geordnet, gehütet und eingeübt werden. Barmherzig zu sein ist also ein Bildungsakt, ein Herzensbildungsakt.

Wie wäre es, mir die Jahreslosung als Erinnerung an eine Pinnwand zu hängen, auf die ich oft schaue. Und mich erinnern zu lassen: Seid barmherzig, wie auch euer Vater im Himmel barmherzig ist! Und mich dann ein Jahr lang einzuüben in Barmherzigkeit. Ich kann mich fragen:

Wodurch ist mein Herz verhärtet, wie wird es wieder gütig und warm?
Wo kann ich der Unbarmherzigkeit Einhalt gebieten oder sie unterlaufen?
Widerspreche ich deutlich genug, wenn in Chats oder Schulen, an Straßenecken oder Stammtischen über andere hergezogen wird oder sie beleidigt werden?
Bin ich aufmerksam für andere Menschen und ihre Not?
Wo kann ich mich engagieren, damit Barmherzigkeit einen größeren Rahmen erhält und institutionell verankert wird?
Tafeln, Hospize, Politik: Ich nehme mir vor, es an einer Stelle zu tun.

Spielarten der Barmherzigkeit

Gnade vor Recht ergehen lassen
Teilen
Den Spiegel durch ein Gegenüber ersetzen
In Vorleistung gehen
Die Perspektive wechseln
Mein eigenes Glück sehen lernen
Macht abgeben
Das Einfühlungsvermögen schulen
Sich zu den Engeln versetzen lassen
Meinen Einfluss für andere geltend machen
Es nicht übers Herz bringen, hartherzig zu sein

Gesellschaftsprädikat: fürsorglich

„Ich mach mein Ding", singt er, „egal, was die anderen sagen …"
Neben ihm schlägt eine Frau auf ein Tamburin, eine schüttelt eine Rassel
im Takt. Im Hintergrund spielt einer Schlagzeug, eine andere Keyboard,
einer Akkordeon und einer Gitarre.

Eine Band aus Menschen, die mit einer Behinderung leben. Ihre Lebensfreude und Begeisterung überträgt sich sofort auf die Zuschauer*innen.
Auch meine Hände klatschen mit.
Ich freue mich über die Menschen, die vor der Bühne tanzen. Zwei von
ihnen haben Trisomie 21, das sogenannte Down-Syndrom.

Wenige Tage erst ist es her, da hat der Bundestag beschlossen, dass Blut-
tests, mit denen dieses Syndrom nachgewiesen werden kann, künftig in
Ausnahmefällen von den Krankenkassen bezahlt werden.

Und: Ja, ich halte das für richtig. Wenn vorgeburtliche Diagnostik – wie
in unserem Land – erlaubt ist, sollte sie mit Methoden geschehen, die für
Mutter und Kind möglichst schonend und ungefährlich sind.
Es wäre absurd, die Kosten für den Bluttest nicht zu erstatten, wohl aber
die für eine Amniozentese, bei der durch die Bauchdecke der Schwange-
ren Fruchtwasser entnommen und untersucht wird. Denn diese Untersu-
chung ist erst zu einem späteren Zeitpunkt der Schwangerschaft möglich
und weitaus riskanter, vor allem für das ungeborene Kind. In etwa einem
von 400 Fällen löst sie eine Fehlgeburt aus.
Es kann nicht sein, dass Frauen oder Paare, die eine vorgeburtliche Un-
tersuchung wünschen, sich aber den Bluttest nicht leisten können, weiter-
hin auf die Fruchtwasseruntersuchung zurückgreifen müssen.

Wo pränatale Untersuchungen gesetzlich in einem bestimmten Rahmen
gestattet werden, wird die Entscheidung darüber ins Private verlegt.
Die, die sie treffen, können sich beraten lassen. Sollen wir den Bluttest

machen lassen? Was wäre, wenn sich herausstellt, dass das Kind eine Behinderung hat? Würden wir es trotzdem bekommen? Oder würden wir die Schwangerschaft abbrechen?

Die Entscheidung für ein Kind mit dem Down-Syndrom wird den Eltern in unserer Gesellschaft nicht leicht gemacht. Denn wo sie positiv ausfällt, tragen sie den größten Teil der Konsequenzen allein.

Sie pflegen, fördern und erziehen das Kind, sie begleiten es ins Krankenhaus, wenn Operationen anstehen, und fahren es zu verschiedensten Therapeuten. Sie kämpfen für seine Rechte.
Aber nicht nur das: Sie ertragen die Blicke der anderen. Manchmal müssen sie sich Kommentare anhören: So ein Kind – das muss doch heute nicht mehr sein.
Eltern müssen sich also auch Vorwürfe gefallen lassen und das Wissen aushalten, dass ihr Kind den erbarmungslosen Ansprüchen einer Leistungsgesellschaft niemals genügen wird.
Ich kann durchaus verstehen, dass viele werdende Eltern sich das nicht zutrauen.

Da durch den Bluttest künftig eine Trisomie 21 früh und einfach vorgeburtlich festgestellt werden kann, werden vermutlich kaum noch Kinder mit dieser Behinderung zur Welt kommen. Auch, weil der gesellschaftliche Druck sich verstärkt, die Schwangerschaft abzubrechen.

Mein Blick schweift über die Menschen, die vor der Bühne stehen und streift auch die Passant*innen. Zwei Damen gehen mit ihren Rollatoren vorbei. Vor mir trägt ein junger Mann in beiden Ohren Hörgeräte. Und neben der großen Kirche steht eine Frau, deren Kopfbedeckung mir ein sogenannter Chemo-Turban zu sein scheint.
In jedem Alter kann es passieren, dass ich durch eine Erkrankung oder ein Unglück künftig beeinträchtigt leben muss.

Und wie viele Menschen mögen hier sein, denen man ihre Beeinträchtigung nicht ansieht? Ich selber gehöre auch dazu. Nach einem Burnout bin ich nicht mehr so belastbar wie vorher. Was andere mit links erledigen, kostet mich viel Kraft.

Wie sehr hat mich ein Bibelvers getröstet und tut es noch: „Meine Kraft ist in den Schwachen mächtig."

Ich wünsche mir, dass wir Eltern, die ein Kind mit einer Behinderung erwarten, ermutigen, es zu bekommen. Dass wir sie stärken und unterstützen. Ich wünsche mir, dass gesehen wird, was solche besonderen Menschen einbringen. Wir sind lebendige Fragezeichen an eine Gesellschaft, die auf Leistung und Wachstum setzt.

Der Chor zum Beispiel: Er singt so fröhlich, dass ich gut gelaunt nach Hause gehe. Wie wäre es, das Leben manchmal etwas leichter und lockerer zu nehmen?

Die tanzenden Menschen mit dem Down-Syndrom: Das wäre doch was, manchmal alle Konventionen hinter sich zu lassen und auf der Straße zu tanzen!

Die alten Damen mit ihren Rollatoren: Wie wäre es, ein Stück neben ihnen zu gehen und sie nach ihren Geschichten und Erfahrungen zu fragen? Vielleicht lässt sich manches von ihnen lernen.

Ich selber habe das Schreiben als meine Aufgabe entdeckt. Genau hinschauen, besondere Zusammenhänge erkennen, sorgsam formulieren, andere mit Worten berühren und erreichen: Das kann ich. Wie kann ich anderen etwas davon weitergeben?

Fröhlicher und fürsorglicher statt leistungsfähiger, behutsamer und barmherziger statt schneller, höher, weiter:

Prädikate einer Gesellschaft, in der es sich leben ließe.

Dein heiliges Land

Ja, zeichne es ein in die Welt,
dein heiliges Land.

Wer loslässt,
was ihn mächtig macht,
darf es betreten.
Einlass erhält,
wer seinen Blick schärft
für andere.

Da wird es die Hand nicht geben,
die willig andere quält und tötet,
und nicht den Fuß,
der trampelt und tritt.

Schweigen wird die Rede,
die Fakten verdreht
und wird weichen
der Wahrhaftigkeit.

Das verletzende Wort
wird nicht gesprochen werden,
verstummen wird,
was zum Tode führt.

Die vor dir seufzte am Morgen:
Jubeln wird sie.
Der schrie zu dir:
Jauchzen wird er.

Ja, leite mich,
wasche meine Worte,
wende mein Herz zu dir.

Lass mich ein,
dass ich mich berge
in dein heiliges Land.

Segenswunsch: Zum neuen Jahr

Lebensfreude suche dich täglich auf,
Glück schneie zuweilen herein
und Träume sollen sich
niederlassen bei dir.

Freunde seien in Reichweite,
Hoffnungslicht falle durchs Fenster
und der Alltag schenke dir unerwartet
manch duftenden Strauß.

Segen sei über dein Dasein geschrieben,
Sinn erfülle dir alle Sinne
und über dir wölbe sich
der Himmel als bergendes Dach.

JANUAR:
Gutes vor Augen

Viele sagen: „Wer wird uns Gutes sehen lassen?
HERR, lass leuchten über uns das Licht deines Antlitzes!"
PSALM 4,7 (L)

Ein Segensschimmer im U-Bahnhof

Auf dem Kirchentag in Dortmund 2019 wird es oft eng. Überall drängen sich in der Stadt und auf dem Messegelände die Besucher*innen, zu erkennen an grünen Schals mit dem Motto des großen Treffens: „Was für ein Vertrauen".
Besonders kritisch ist es an den U-Bahn-Stationen, vor allem dann, wenn große Veranstaltungen enden. Viele wollen dann möglichst schnell zum nächsten Ort oder auch nach Hause. Lange Menschenschlangen strömen aus den Messehallen zum U-Bahnhof, auf den Treppen zur Unterführung geht es nur langsam voran. Und auf dem Bahnsteig heißt es warten, warten, warten.

Als ich an einem Abend nach langem Warten endlich in der Bahn stehe, so nah bei anderen, dass ich selbst bei einer Notbremsung nicht umfallen könnte, höre ich eine Frauenstimme. Sie erzählt, eben habe sie ganz vorne am Bahnsteig gestanden, bei einem der Sicherheitsleute.

„So etwas habe ich noch nie erlebt", habe der gesagt. „Normalerweise werden die Menschen bei so einem Gedränge aggressiv. Sie stoßen oder schubsen. Oft schon bin ich beschimpft worden, wenn die Bahn voll war und ich keinen mehr hineinlassen konnte."

Die Frau macht eine kleine Pause. Dann spricht sie weiter: „Hier bleiben die Menschen gelassen", habe der Mann gesagt. „Viele sind freundlich, lächeln, ja, manche bedanken sich sogar, dass ich hier für Sicherheit sorge!" Ich hätte gern noch etwas zugehört, doch ich muss aussteigen. Als ich die Treppen hochsteige, denke ich: „Ja, das stimmt!" Auch ich habe auf diesem Kirchentag oft erlebt, wie geduldig die Menschen warteten. Oft war die Stimmung geradezu heiter. Mit manchen bin ich in ein kurzes, interessantes Gespräch gekommen, einem Mann verdanke ich einen Veranstaltungstipp, der mich in einen spannenden Vortrag führte.

Aber dass Menschen das auch „von außen" wahrnehmen, hätte ich nicht gedacht.

Wer wird uns Gutes sehen lassen? Hier konnte man tatsächlich sagen, dass die Kirchentagsbesucher*innen mit ihren grünen Schals etwas Gutes haben aufscheinen lassen. Absichtslos, sie waren nicht darauf aus, dass andere sie dafür loben. Und doch hat dieser Sicherheitsmann es bemerkt.

Viele dieser Menschen kamen gerade aus Veranstaltungen, in denen am Ende ein Segen gesprochen wurde: „Gott lasse sein Angesicht leuchten über dir!" Mir scheint, dieser Segen ist mit ihnen gegangen, sodass auch andere etwas von seinem Schimmer wahrnehmen konnten.

Gebet: Du

Einmal wirst du
unser Brot sein.
Teilen werden dann
die Unersättlichen
mit den Hungernden.

Einmal wirst du
unser Hüter sein.
Wirst uns bewahren
vor uns selbst.

Einmal wirst du
unsere Rose sein,
damit wir uns
an der Liebe berauschen.

Einmal wirst du
unser Licht sein,
bergen werden wir uns
in deiner Wärme.

Nähren werden wir uns
an deinem unerschöpflichen Bild.
An Brot und Frieden,
Liebe und Leben.

Wie die Sonne

Zu Hause geht es einfach nicht mehr. Die Mutter kommt alleine nicht mehr zurecht. Sie wird immer wackeliger auf den Beinen, einige Male ist sie schon gestürzt.
Nun muss sie doch noch umziehen in ein Seniorenheim.
Unglücklich sitzt sie in ihrem Sessel, als die Tochter sie besucht. Ja, sie werde gut versorgt, sagt sie, doch ihre Stimme klingt hart. Aber es sei eben nicht ihr Zuhause.
Dann macht ihr Unmut sich in spitzen Bemerkungen breit, die verletzend sind.

„Lass uns ein bisschen rausgehen", schlägt die Tochter vor. Spazierengehen hat schon immer geholfen, denkt sie.
Sie ziehen sich Jacken an und setzen sich Mützen auf, die Mutter schiebt ihren Rollator vor sich her. Im Schneckentempo gehen sie über den langen Flur und durch die Eingangshalle.
Die Tür nach draußen öffnet sich, kühle Luft schlägt ihnen entgegen.

„Ist das herrlich", sagt die Mutter schon nach wenigen Schritten, „hier kann ich durchatmen." Sie gehen weiter, die Bäume sind noch kahl, über der flachen Landschaft hängt der Himmel tief, schwere Wolken, die fast bis zum Boden reichen.
Doch dazwischen ist hier und da ein Stück vom Himmel zu sehen. Dann blitzt plötzlich für einen Moment die Sonne durch.
„Gottes Liebe ist wie die Sonne", singt die Mutter mit brüchiger Stimme, „sie ist immer und überall da. Hinter schweren Wolken strahlt sie leuchtend hell."
Schon immer ist ihr zu allem ein Lied eingefallen.

Auch über ihrem Leben hängen die Wolken tief, denkt die Tochter, ihre Schwere will übergreifen und oft schafft sie es auch. Dann ist die Stimmung der Mutter gedrückt. Und manchmal wird sie auch aggressiv.

Hier draußen aber kann sie die anderen Bilder sehen: die Sonne, die hinter den Wolken doch da ist und silberne Ränder um sie herum zeichnet. Und ab und zu blitzt sie durch, auch an düsteren Tagen.

Ein Stückchen gehen sie noch, die Mutter atmet tief ein und aus.

Wie sehr wünsche ich ihr, dass das Lied lange weiterklingt, denkt die Tochter. Und Gott ihr nah bleibt und sie wärmt mit seiner Liebe.

Neben mir

Einmal am Tag innehalten,
den Blick schweifen lassen:
Wo ist mir Gutes begegnet?

Den Worten nachlauschen:
Welches davon
hat mich aufgerichtet?

Den Gesten nachspüren:
Welche hat mich
heute schon gewärmt?

Einmal am Tag mich fragen:
Wo könnte Gott
sich entdecken lassen,
nah neben mir?

Anders gesagt: Segen

Segen: der zärtliche und leuchtende Blick Gottes, der auf das Leben fällt. Dann beginnt es, zu wachsen und sich zu entfalten. Segen stärkt die Kraft, die ermöglicht, Schmerzen zu überleben; er stattet Menschen aus mit dem Mut, sich Bösem zu widersetzen. Segen lockt unsere innere Schönheit hervor und lässt uns, dich und mich, zu den Menschen werden, als die wir gedacht sind.

(aus: Tina Willms: Am Wegrand: Ein Wunder. Mit offenen Sinnen durch das Jahr, © 2016 Neukirchener Verlagsgesellschaft mbH, Neukirchen-Vluyn, S. 85.)

Segenswunsch: Zur Mitte

Ich wünsche dir,
dass deine Wege immer wieder
zur Mitte führen.

Manchmal erscheint
das Leben verworren,
als ginge man
durch ein Labyrinth
und habe sich
hoffnungslos verirrt.

Dann bleib nicht stehen,
setz einen Schritt
vor den anderen,
sei gewiss:
Auch die Umwege
sind nicht umsonst.

Und er,
den du nicht siehst,
ist näher als du denkst
und spannt über dem Weg
seinen Segen aus.

FEBRUAR:
Auf Erden und im Himmel

Freut euch darüber, dass eure Namen im Himmel
verzeichnet sind!
LUKAS 10,20 (E)

Bau mir ein Haus

„Bau mir ein Haus", so heißt ein Gedicht von Hilde Domin.

Ein Haus in der Nähe des Meeres beschreibt sie darin, eines, das schützt
vor dem scharfen Wind, der einen verwehen könnte. Eine weiße Wand
soll es haben für die Abendsonne, so, wie es in Andalusien oft der Fall ist,
dem Ort, an dem Hilde Domin ihren Text verfasst.

Im Jahr 1962 erhält sie, die inzwischen in Heidelberg wohnt, einen Brief
aus Bochum. Ein Mann und eine Frau, Flüchtlinge aus dem Osten,
schreiben ihr: „Wir bauen Ihr Haus."

Hilde Domin ist skeptisch. Ein andalusisch anmutendes Haus in einer
westdeutschen Großstadt, wie soll das gehen?

Doch ein Jahr später kommt wieder ein Brief: Das Haus sei nun fertig.
Das Ehepaar lädt sie ein, es sich anzusehen.

Mit einem Blumenstrauß erwarten die beiden die Dichterin am Bahnhof.

Dann steht Hilde Domin vor dem Haus. Tatsächlich: Da steht es, so, wie sie es beschrieben hat.
Und die, die es bewohnen, heißen sie darin willkommen.

Es ist, als betrete die Dichterin einen in Worte gekleideten Traum, sie geht durch die Räume eines Hauses, das aus der Fantasie ins Leben geholt wurde. Da steht es, vor ihren Augen, und bringt sie zum Staunen.

Bevor sie wieder aufbrechen muss, signiert Hilde Domin das Haus. Mit einem weißen Stift hinterlässt sie auf einer weißen Wand eine Spur von sich selbst. Es ist ein Zitat aus ihrem Gedicht, eine Art Schutzspruch. Eine Spur, die an sie erinnern wird.

Hilde Domins Erlebnis ist für mich wie ein Bild. Es zeigt mir, wie es aussehen könnte, dass unsere „Namen im Himmel verzeichnet sind":

Am Anfang steht ein Gedanke Gottes, benannt von ihm. Sorgsam schreibt er einen neuen Namen ein ins Buch seines Lebens und macht ihn zu meinem oder deinem.
Wenn wir zur Welt kommen, wird seine Idee von uns lebendig, sie wächst heran mit uns. Und während wir unser Leben gestalten, können wir in diese Welt einbauen, was er erträumt.

Und wer weiß? Vielleicht schaut er vorbei, um uns zu besuchen.

Er streift durch die Räume deines und meines Lebens, freut sich über die Hoffnungsbilder an den Wänden und den Freudenstrauß auf dem Tisch. Und sieht auch in den dunklen Raum, in dem der Zweifel sein Lager aufgeschlagen hat.

Du erkennst, wie Hoffnung und Freude sich widerspiegeln in seinem Gesicht, du siehst sein Mitgefühl und sein Erstaunen.
Es kommt ja nicht jeden Tag vor, dass ein Traum ins Leben tritt.

Ihr esst und trinkt miteinander, er bricht das Brot für dich und du teilst mit ihm deinen Wein. Und bevor er aufbricht, um weiterzuziehen, signiert er dein Haus und schreibt seinen Namen in dein Dasein ein.

Und wenn du genau hinschaust, erkennst du den Schriftzug, Tag für Tag, ein himmlischer Abdruck im Haus der Zeit.

Dann erinnerst du dich: Du schreibst seinen Traum ins Buch deines Lebens.
Und er, er hat lange zuvor schon deinen Namen verzeichnet, sorgsam und unwiderruflich im Buch seines Lebens.

(nach: Hilde Domin: Von der Natur nicht vorgesehen, S. Fischer, München, 3. Auflage 1981, S. 23f.)

Die Fährfrau

Doch, das gibt es: einen Augenblick, der das ganze Leben verändert.
Im ersten Moment weißt du es nicht, spürst vielleicht nur, wie etwas dich anzieht, in eine andere Richtung als die vertraute. Und wenn du ihm nachgehst, öffnet sich eine Tür. Dahinter ein Weg, der dich in ein anderes Leben führt, eines, das dir mehr entspricht als es bisher war.

Dieser Frau erging es so, lese ich in der Zeitung. Einige Stunden saß sie am Ufer eines Flusses und schaute zu, wie ein Fährmann die Fähre über das Wasser zog. Und spürte plötzlich: Das möchte ich auch.
Sie gab ihren Beruf auf und lernte einen neuen: das Übersetzen von einem Ufer zum anderen. Jetzt zieht sie selbst mehrmals am Tag diese Fähre mit der Hand über den Fluss. So bringt sie Menschen von einer Seite zur anderen und verbindet miteinander, was sonst getrennt wäre.

Ja, es gibt solche Augenblicke. Sie verändern das ganze Leben.
Mir scheint, dies könnten die Momente sein, in denen spürbar wird, dass Gott unsere Namen in den Himmel geschrieben hat.
Wir kommen uns selbst näher, ahnen, wie und wozu wir gedacht sind.
Es ist, als setze auch Gott uns von einem Ufer über an ein anderes, vom einen Leben in ein anderes, neues.
Und manchmal spüren wir dann, wie in unserem Namen auch seiner mitschwingt. Als komme der Himmel uns nah.

Gebet: Neunundneunzig Namen

Kein Name, der dich ganz umfasste,
doch jeder, der von deiner Schönheit spricht,
zeigt einen Wesenszug von dir.

Mutter, Vater, Lebensquelle,
Friede, Liebe, Verzeihen,
Barmherziger, Schöpferin, Ich-bin-da.

Deine Namen zu achten,
ihnen nur sich zu beugen:
Und Herzeleid hielte sich fern von uns,
Blutopfer verweigerten wir.

In deinen Namen
bauten wir unser Zelt.

In Leben
und Fülle
und Wonne.

Zu schade für das Grab

Fast zu schade für das Grab.

So lautet die Überschrift über einem Zeitungsartikel, der von einer Frau berichtet, die Särge anmalt.

Manchmal sind es ihre eigenen Ideen und Bilder, die sie sorgsam darauf pinselt.

Meistens aber spricht sie mit den Angehörigen über den Menschen, der in diesen Sarg eingebettet wird, um begraben zu werden.

Gemeinsam überlegen sie, welche Motive zu sehen sein sollen. Was passt zu dem oder der Verstorbenen, was hätte ihm oder ihr gefallen? Was war wichtig in diesem Leben, das nun zu Ende ist? Welche Hoffnungen, welche Träume? Was hat diese Person ausgemacht und sie so werden lassen, wie sie war?

Die Motive und Farben auf dem Sarg bilden später das Leben ab, das nun vorbei ist. Sie malen noch einmal vor Augen, was dieser eine Mensch in die Welt eingezeichnet hat.

Sie zeigen zugleich: Am Ende, wenn wir sterben, müssen wir das Bild unseres Lebens aus der Hand geben. Mit uns wird es in den Sarg gelegt und bestattet.

Fast zu schade für das Grab.

Die Zeitungsüberschrift drückt aus, was wohl viele Menschen empfinden, wenn sie an einem Sarg stehen, nicht nur, wenn er bemalt ist:

Dieses Leben, das ein so einzigartiges Kunstwerk ist, mit allem, was darin war, an Schönem und auch Schwerem, dieses Leben: Es ist doch viel zu kostbar, um begraben zu werden.

Warum muss es mit all seinen Farben und Facetten zu Ende gehen? Als würde der Mensch, der es gestaltet und unverwechselbar gemacht hat, im Dunkel verschwinden, ja, vielleicht gar vergessen.

Fast zu schade für das Grab.

Wer weiß, vielleicht denkt Gott ähnlich, wenn er auf uns Menschen schaut: Ihr Dasein, jedes einzelne, mit seinen angefüllten Tagen und Stunden, ist doch viel zu schade, um endgültig vergessen zu werden und zu vergehen.

Und so setzt er dem endgültigen Ende etwas entgegen:

Freut euch darüber, dass eure Namen im Himmel verzeichnet sind!

Gott selbst verspricht uns: Ich bewahre eure Namen bei mir, und mit ihnen das, was euer Leben ist. Was ihr einzeichnet in die Welt, geht nicht verloren: das Glück und der Schmerz, die Arbeit und die Freude, der Tag und die Nacht: Ich hebe es auf, um es zu würdigen und zu vollenden.

Freut euch darüber, dass eure Namen im Himmel verzeichnet sind!

Es gibt eine Hoffnung, die reicht über das Grab hinaus.

Einer sagt: Steh auf, diese Ruhestätte ist zwar die letzte. Aber es ist eine, die nicht dem Tod gehört.

Der Sarg mag bestattet werden, der Bilderbogen deines Lebens aber bleibt.

Brief

Die Haut
wird dünner;
zerknittert,
beschrieben von
Sekunden, Tagen, Jahren.

Wer schreibt mich,
frag ich mich zuweilen,
aufs Pergament der Zeit?

Ist einer,
der die Blätter
sammelt, redigiert und bindet
zum Buch eines Lebens,
das bleibt?

Ist einer,
der uns Menschen liest,
der unsere Namen und Geschichten
kennt und weiterschreibt
in Ewigkeit?

Segenswunsch: In Raum und Zeit

Denkbar,
dass in der Himmelsweite
ein All-Umfassender wohnt.

Und über dem Firmament
einer aufmerkt und wacht.

Und in den Farben der Erde
ein Abglanz sich zeigt.

Ich wünsche dir,
dass du die Spuren lesen kannst,
in denen Gott sich einschreibt
in Raum und Zeit.

MÄRZ:
Wenn Stummes zu sprechen beginnt

Jesus antwortete: Ich sage euch: Wenn diese schweigen werden, so werden die Steine schreien.
LUKAS 19,40 (L)

Was gesagt werden muss

Ein steinerner Glockenturm, fest steht er da. Ja, stabil muss er sein, wenn die tonnenschweren Glocken ganz oben zu schwingen beginnen. Wenn sie, getragen von ihm, zum Gottesdienst rufen. Oder wenn sie mit weit vernehmbarer Stimme einladen, innezuhalten für ein kurzes Gebet. Am Morgen, am Mittag, am Abend.

An diesem Morgen sieht der Glockenturm etwas anders aus als sonst.
In der Nacht, während die Glocken schwiegen, ist jemand mit einer Farbdose gekommen.
„Gott ist tot. Amen", hat er mit weißer Farbe in großen Buchstaben auf die Steine gesprüht.

Eine Gegenrede, die offensichtlich gesagt werden musste. Nun hat einer sie den Steinen in den Mund gelegt. Und sie schreien sie dem, der vorbeigeht, entgegen.

In unserem Land steht jedem frei, zu glauben oder auch nicht. Viele sprechen höchstens im privaten Rahmen darüber, wie sie es mit der Religion halten. Nur wenige regen sich darüber auf, dass jemand glaubt, oder es eben nicht tut.

Hier aber macht einer seine Meinung öffentlich. Gott ist tot. Amen. Warum musste das gesagt werden, was schwingt wohl mit, in diesem stummen und doch so deutlichen Schrei?

Ist der, der ihn auf die Steine gesprüht hat, verzweifelt? Vielleicht hat er etwas durchgemacht, was er nicht mit Gott in Verbindung bringen kann. Warum lässt Gott das zu?
Ist er zornig über etwas, was er mit der Kirche erlebt hat? Ist er wütend auf jene, die sie repräsentieren? Oder will er einfach nur provozieren?

Und warum hat der Graffitikünstler ein „Amen" hinter sein Statement gesetzt, den typischen Schluss für ein Gebet?
Es klingt ja nun fast, als wende er sich an genau die Adresse, die er soeben als nicht existent erklärt hat.
Ähnlich wie ein Brief, in dem ich eine Beziehung aufkündige und meine Gesprächsbereitschaft abziehe: „Für mich bist du gestorben!"

Oft steht tatsächlich Verletzung, Wut oder Verzweiflung hinter solch einem Satz.
Und wer weiß: Vielleicht gibt es noch einen Funken Hoffnung, dass ich eine Antwort bekomme. Dass mein Gegenüber das Schweigen bricht und Wege findet, die eine Begegnung möglich machen?

Gott ist tot. Amen.
Was genau der Künstler genau mit diesen Worten gemeint hat, weiß nur er selbst.

Ich merke, wie seine Worte in Bewegung geraten, je länger ich mich mit ihnen beschäftige. Als ließe sich zwischen und unter den weißen

Buchstaben noch etwas lesen, was ungesagt ist. Als gäben die Steine, Farbe, Turm und Glocken etwas hinzu, das über die Worte hinausgeht.

Ich lese diesen Spruch als ein fast säkulares Gebet an einen Gott, der gestorben ist. Und denke mir: Ja, er ist ja tatsächlich gestorben, der Gott, an den ich glaube.

Die Farbe Weiß aber, die der Künstler verwendet hat: Für mich ist sie die Farbe der Auferstehung.

Gebet: Aufstehen

Eine Stimme verleihst du dem,
was starr war und stumm.

Aus Staub und Stein
machst du Farben und Duft.

Was reglos und ratlos war,
spricht nun vom Leben.

Danke, Gott,
dass du das Wort mit uns teilst,
das uns aufstehen lässt.

Damit wir
gehen und sprechen,
tanzen und singen,
lieben und loben.

Dass Steine schreien

Im März, ja, da kann ich das glauben. So müde und tot erschien die Erde im Winter. Nun aber schieben sich die ersten Pflanzenstängel ins Licht. Und mir scheint plausibel, dass auch das Totgesagte, Steinerne eine Stimme hat.
Sie mag etwas brüchig klingen, weil sie sich selbst nicht gewohnt ist. Denn sie spricht nur dann, wenn das, was sie zu sagen hat, gesagt werden muss. Eine Stimme also, die nicht ins Plappern gerät.

Aber im März, da kann sie nicht länger schweigen.
Da spricht sie von dem, was aus den Steinen wird. Von Felsen, die, wie für die Ewigkeit gemacht, majestätisch die Täler überragen. Von Brocken, aufgesprengt durch das Eis.
Von Bergbächen, die murmeln und rauschen, und unter der Wasserstimme einen dunkleren Ton entfalten. Das rollt und klirrt und die Bruchstücke und Kiesel kommen ins Tanzen.
Dann erzählt sie weiter vom Wasser und seiner Geduld, wie es die Steine zerreibt und sie zum Sand macht, durch den wir stapfen, am Strand. Und von den Mineralien, die sich lösen, um später durch die Bahnen des Lebens zu wandern, in Pflanzen und Tieren und Menschen.

Im März, ja, da kann ich es glauben. Dass die Steine lebendig werden und ihre Stimmen vernehmbar sind. Dass sie erzählen von ihm, der Totes lebendig macht.
Schreien wäre vielleicht fast zu viel gesagt. Doch scheint mir ein Ton vernehmbar, der deutlich vom Leben spricht.

März

Osterglocken läuten
den Frühling ein
und das Leben.

Unbeirrt

Hier nicht, sagt der Tod,
dies ist mein Land,
hier herrscht die Finsternis.
Er schließt seine Pforten
und wälzt noch einen Stein
vor die Tür.

Unbeirrt öffnet einer
am Morgen den Horizont,
Licht steigt herauf
und bringt neu
das Leben mit sich.

Das macht sich ans Werk,
wächst über Staub und Stein,
um es am Ende
zu überblühen.

Segenswunsch: Farbenfroh

Nun blüht wieder auf,
was schlummerte
und über das,
was brach lag,
legt sich
ein Schimmer aus Licht.

Ich wünsche dir,
dass das Leben
sich breitmacht
in dir.

Dass zu blühen beginnt,
was in dir ruht,
und deine Tage
sich färben mit Freude.

APRIL:
Bilder aus der Ewigkeit

Christus ist Bild des unsichtbaren Gottes, der Erstgeborene
der ganzen Schöpfung.
KOLOSSER 1,15 (E)

Bilder aus der Ewigkeit

Was unsichtbar war, tritt in Erscheinung. Nun ist es vor Augen, verändert das Leben und erschafft eine andere Welt. Ähnlich vielleicht wie es Roberto Piumini in seinem Buch „Eine Welt für Madurer" erzählt:

Madurer ist gefangen in einer begrenzten Welt. Denn er ist krank, er verträgt weder Licht noch Luft. Beides dringt nur gefiltert zu ihm vor; durch ein zartes Stoffgewebe, das täglich gewechselt werden muss.
Andere Kinder in seinem Alter toben draußen herum, sie genießen den Sonnenschein und die Wärme, sie spielen und streiten auch manchmal, sie vertragen sich und erobern die Welt. Nicht so Madurer. Abgeschirmt verbringt er seine Tage in gedämpften Räumen eines Palastes, der seinem Vater Ganuan gehört.

Ganuan hat von einem berühmten Maler gehört, Sakumat heißt er. Das bringt ihn auf einen Gedanken. Er schickt einen Boten zu Sakumat und bittet ihn, in den Palast zu kommen, um dort die Wände der Räume zu bemalen, in denen Madurer sich aufhält.

Tatsächlich macht Sakumat sich auf den Weg und bezieht ein Zimmer im Palast. Er besucht Madurer, die beiden lernen einander kennen und spinnen gemeinsam Ideen von dem, was auf den kahlen Wänden entstehen soll.

Sakumat beginnt mit seiner Arbeit, und er ermutigt auch den Jungen, einen Pinsel zur Hand zu nehmen. Während sie nach und nach ein Gebirge entstehen lassen, malen sie sich manchmal aus, was auf der anderen Seite sein könnte, die ihren Augen verborgen bleibt.

Im nächsten Zimmer entsteht das Meer, groß und weit. Unter dem Horizont taucht ein Schiff auf, das mit der Zeit immer größer wird.

Und schließlich malt Sakumat eine Wiese, Blumen blühen dort auf, über denen Schmetterlinge taumeln, leicht und bunt.

Sakumat tupft goldene Ähren hinein, die in der Dunkelheit für Madurer leuchten.

Oft machen die beiden Pausen, um sich in den Bildern aufzuhalten. Gemeinsam gehen sie dann in den gemalten Landschaften spazieren und erfinden Geschichten. Und Sakumat malt neue Details in die alten Bilder hinein. Manchmal verwischen die Grenzen, und die eine Welt ragt in die andere.

Irgendwann geht Madurer ganz sanft hinüber in die andere Welt, begleitet von seinem todtraurigen Vater und dem Maler Sakumat, der ihm schon Bilder vor Augen gemalt hatte von dem, was hinter der Grenze auf ihn wartet.

Wenn es von Jesus heißt, er sei das Bild des unsichtbaren Gottes, so scheint er fast ein lebendiges Kunstwerk zu sein. Eines, das mit dem Künstler verschmilzt und nun selbst vor Augen malt, was möglich ist. In unseren begrenzten Raum hinein zeichnet er das Bild eines unsichtbaren Gottes und seiner ewigen Welt, die wir Himmel nennen.

Auch wenn wir diese Welt nicht mit eigenen Augen gesehen haben, haben wir nun eine lebendige Vorstellung von ihr:
Da legt einer dem Stummen Worte in den Mund.
Eine wischt der anderen die Tränen ab.
Da löst einer sich aus der Todesstarre.
Lautlos öffnet sich der Horizont der Zeit und leitet den Blick in die Ewigkeit.

Er, der uns diese Bilder vor Augen und ins Leben malt, bittet uns, ihm zu helfen. Wir werden selbst zu Künstler*innen, wir entwerfen und skizzieren und zeichnen an seiner Welt.

Und manchmal erleben wir Ähnliches wie Sakumat und Madurer:
Die Grenzen zwischen den Welten verwischen, die eine ragt hinein in die andere.
Die Ewigkeit leuchtet auf, mitten unter uns, lebendig und tröstlich scheint sie hinein in unsere Zeit.

(nach: Roberto Piumini: Eine Welt für Madurer, Carl Hanser Verlag, München 1999.)

Mehr nicht

Ins Dunkel schauen am späten Abend. Das Fenster rahmt die Nacht. Du siehst einen Ausschnitt, mehr nicht. Wie immer im Leben.

Ein Dach zeichnet sich ab. Weit hinten brennt noch ein Licht. Der Ahorn, ein Schattenriss, zweidimensional, doch die gezackten Blätter sind deutlich zu erkennen.

Du stehst da und hörst zu, wie es still wird in dir. Und es kommt dir vor, als sei die Dunkelheit mit Liedern gefüllt, die darauf warten, erlauscht zu werden. Ja, sie warten auf den einen Menschen, der sie heraushören wird: ihre Melodie, die unter der Stille schwingt. Ihre Worte, die sich nicht fassen lassen.

Später wird der Mond den Rahmen durchwandern, du wirst nur eine Sichel zu sehen bekommen. Mehr nicht. Und doch so viel. Weil sich hinter dem Ausschnitt das Ganze erahnen lässt.

Gebet: Nahbar

Guter Gott,
du bist in unsere Haut geschlüpft
und hast unser Dasein betreten,
ein Mensch unter Menschen.

Du hast dich zu erkennen gegeben,
bist nahbar geworden,
hast dich anrühren lassen von uns.

Wenn wir einander anschauen
wissen wir um dich.

Lehr uns, nahbar zu sein
und uns anrühren zu lassen,
damit sich
mitten unter uns Menschen
dein Wesen entfalten kann.

Da ist noch mehr drin
zu Matthäus 15,21-28

Jesus ist mit seinen Jüngern außerhalb von Israel unterwegs. Da kommt eine Frau herbei und ruft um Hilfe für ihre kranke Tochter. Jesus aber ignoriert sie – als sei sie gar nicht da.

Wie verletzend ist das, dieses Schweigen, mit dem ein Gegenüber nicht nur meine Bitte, sondern zugleich mich selbst zurückweist.

Die Frau aber lässt nicht locker, lautstark macht sie sich weiter bemerkbar. Schließlich wird es den Jüngern zu viel: „Sie schreit uns nach!", beklagen sie sich. „Tu was, Jesus! Hilf ihr!" Nicht, weil sie ihnen leidtut, treten sie für sie ein, sondern weil sie nervt.

Jesus aber weist die Bitte zum zweiten Mal ab. „Ich bin nur gesandt zu den verlorenen Schafen des Hauses Israel." Nicht zuständig also.

Doch wieder bleibt die Frau beharrlich, vielleicht spürt sie, dass ihr Geschrei etwas in Gang gesetzt hat. Und das ermutigt sie.

Nun wirft sie sich sogar vor Jesus nieder und fleht ihn an: „Du kannst es! So hilf mir doch!"

Jesus sieht die Frau an. Wie sie da vor ihm liegt und bettelt und schreit. Ich stelle mir vor, wie er hin- und hergerissen ist: Soll ich mich erbarmen? Oder verschließe ich mich?

Was er dann sagt, ist schlimm: „Es ist nicht fein, dass man den Kindern ihr Brot nehme und werfe es vor die Hunde."

Nicht nur dieser Vergleich mit einem Hund. Es klingt auch, als könnte Gottes heilende Kraft ebenso knapp werden wie das Brot bei Tisch.

56

Die Frau aber lässt sich nicht unterkriegen. Sie dreht Jesus das Wort im Munde herum und macht seinen unfeinen Vergleich zum Argument für sich selbst: „Ich will doch gar nichts wegnehmen, ich will nur von dem, was abfällt unter den Tisch."

Ich stelle mir vor, dass es einen Moment ganz still ist. Perplex schaut Jesus sie an. Und in ihm vollzieht sich eine Wende. Von den Hunden ist nun keine Rede mehr.

Im Gegenteil: Fast scheint es bewundernd zu klingen, als er zu ihr sagt: „Dein Glaube ist groß! Dir geschehe, wie du willst!"

Und tatsächlich: Ihre Tochter wird gesund.

Ja, denke ich, es stimmt, was Jesus zu ihr sagt.

Der Glaube dieser Frau ist größer als sein eigener. Sie hält für möglich, dass Gott sich nicht an Grenzen binden lässt. Seine heilsame Kraft verbraucht sich nicht, sondern ist unerschöpflich. Mit vollen Händen kann und will sie ausgeteilt werden.

Sogar Jesus scheint diesen Blick von außen zu brauchen, der ihm mehr zutraut als er sich selbst. Diesen Blick, der sehen kann, was ich nicht erkenne. Weil ich es nicht glauben kann.

Da ist noch mehr drin, sagt so ein Blick. In dir. Deine Möglichkeiten sind größer als du glaubst.

Ja, selbst Jesus hat zu klein von sich gedacht. Diese Frau, die er als Fremde deklariert und so harsch abgewiesen hat: Sie bricht nun das Bild auf, in dem er gefangen ist. Sie erweitert seine Spielräume.

Und er: Er erkennt es an. Sein Wirkungskreis hat keine Grenze mehr, denn Gottes Liebe ist universal.

57

Auf dem Weg der Träume

Einmal am Tag mich unterbrechen, um auf dem Weg der Bilder zu gehen, die Gott für diese Welt erträumt.

Wie denkt er über mich?
Wie stellt er sich die Menschen vor, denen ich begegne?
Welche Vision hat er vor Augen von meiner Stadt?
Wie träumt er die Welt?

Einmal am Tag aus dem Alltag abbiegen. Den Umweg nehmen, um mit Gott durch die Träume zu gehen.
Was kann ich heute und hier dazu beitragen, damit sie wahr werden?

Das könnte tätiges Beten sein.

Segenswunsch: Bewegliche Bilder

Ich wünsche dir,
dass erstarrte Bilder zerbrechen,
auch wenn es schmerzt.

Und in der Leere
wie auf einer Leinwand
bewegliche Bilder entstehen,
Muster, immer wieder neu,
die dir Visionen vorführen,
was werden könnte.

Dass Räume sich öffnen,
wünsche ich dir, in denen du
deinem Wesen näherkommst.

Und vor deinen Augen
ein Weg entsteht,
der dich lockt, ihm zu folgen,
und dich leitet zum Ziel.

MAI:
Laut werden

Öffne deinen Mund für den Stummen,
für das Recht aller Schwachen!
SPRÜCHE 31,8 (E)

Kinderschuhe auf dem Pflaster

Mittwochnachmittag in Hameln. Auf der Hochzeitshausterrasse findet wie an jedem Mittwoch gerade das Musical über den Rattenfänger statt. Eben ziehen die Ratten hinter ihm her. „Jetzt gehen wir über die Weser", singen die Darsteller.
Später werden es die Kinder sein, die hinter dem buntgekleideten Flötenspieler herlaufen, um aus der Stadt zu verschwinden.
Sicherlich hundertfünfzig Menschen sehen heute dem Spektakel zu.

Wenige Meter entfernt steht eine kleine Gruppe. Frauen und Männer. Auch sie sind seit einigen Monaten an jedem Mittwoch hier, sie stellen Kinderschuhe auf das Pflaster der Altstadt.
Ein Paar Schuhe nach dem anderen reihen sie auf, und es sind viele. Dann stellen sie sich selbst dazu. Ein Schild erklärt, warum sie das tun: für die Kinder von Lügde.

61

Bundesweit haben diese Ereignisse im Jahr 2019 die Nachrichten geprägt. Auf einem Campingplatz bei Lügde hat ein Mann Kinder um sich geschart und sich ihr Vertrauen erschlichen. Hat am Lagerfeuer Stockbrot mit ihnen gebacken und sie auf seinem Pferd reiten lassen.
Und hat sich dann an ihnen vergangen und sie missbraucht. Andere Männer sind hinzugekommen, ein Netzwerk von Kinderschändern entstand.

Die Täter: Sie sind in den Schlagzeilen. Auch Politiker werden befragt, Fachleute nehmen Stellung: Wie konnte das passieren?

Ich frage mich, was mit den Kindern ist, die nicht in den Schlagzeilen erscheinen. Sie sind es ja, die ein Leben lang an dem tragen werden, was ihnen angetan wurde.

Kinderschuhe auf dem Pflaster. Jedes Paar steht für ein Kind, das auf diesem Campingplatz an einem so idyllisch gelegenen See missbraucht wurde.

Die, die sie aufstellen, machen die kaum fassbaren Verletzungen der Kinder von Lügde öffentlich. Sie informieren die Menschen, die vorübergehen über die, deren Leid nicht vorübergehen wird.

Und sie tun noch mehr:
Sie machen sich dafür stark, dass Strukturen geschaffen werden, die Kindesmissbrauch verhindern.
So schärfen sie die Aufmerksamkeit für ein heikles Thema. Eine Million Kinder sind in Deutschland betroffen. Sie werden missbraucht, oft von Menschen, denen sie besonders vertrauen: in der Familie und im Freundeskreis. In der Nachbarschaft und der Schule. Ihre Hilferufe sind meist wortlos und werden darum nicht gehört. So bleiben die Kinder mit ihrem Leid allein.

Die Schuhe auf dem Pflaster:
Sie machen sichtbar, was oft im Verborgenen bleibt. Sie bitten uns, unsere

Sinne zu schärfen, damit wir schon die ersten Anzeichen für einen Missbrauch erkennen. Sie fordern uns auf, uns kundig zu machen, was wir selbst tun können, um Kinder zu schützen

So geben sie den Stummen eine Stimme.

Gebet: Für die Mädchen und Frauen

Für die Mädchen und Frauen
bitte ich dich,
die Männer sich nahmen,
ohne zu fragen.
Mit Gewalt.

Für sie bitte ich dich,
denen nicht geglaubt wird,
denen unterstellt wird,
der Rock sei zu kurz
und sie doch allzu bereit gewesen.

Für sie bitte ich dich,
die sich verkriechen
in einem Leben,
das nie mehr wird,
wie es war.

Für sie bitte ich dich,
die, was geschah,
noch einmal erzählen müssen
vor dunklen Roben
und Publikum.

Lehr uns, zu prüfen,
ob, was wir legal nennen,
auch den Namen
„Recht" verdient.

Engel des Alltags

Für alle Schwachen den Mund auftun: Das kann ich nicht. Doch vielleicht kann ich es für einen oder eine. Und so zum Engel des Alltags werden.

So wie Julia, die in die dritte Klasse geht. Sie tut ihren Mund auf für Kenneth, der nur schwer Deutsch versteht.
Die Lehrerin hatte die Kinder aufgefordert, für den Werkunterricht Wolle mitzubringen. Am kommenden Tag haben alle Kinder ein Knäuel dabei, nur Kenneth nicht. Er bringt einen einzelnen Faden mit. Die Lehrerin wird wütend und schimpft mit ihm. Ja, sie verbietet den anderen Kindern sogar, Kenneth etwas abzugeben.
„Frau Meyer, glaubst du wirklich, Kenneth hat das mit Absicht gemacht?" fragt Julia in die Stille.

Oder wie Schwester Sybille, die ihren Mund aufmacht für Herrn Schulte, der an Demenz erkrankt ist.
Sie nimmt wahr, dass die Stationsärztin Herrn Schulte in die Gerontopsychiatrie verlegen will. Doch niemand hat darüber mit den Angehörigen gesprochen. Am kommenden Vormittag wird Herr Schulte nicht mehr im Zimmer sein, wenn seine Tochter zur üblichen Zeit zu Besuch kommt.
„Eine Katastrophe für alle", denkt Schwester Sybille.
Als die Tochter am Abend noch einmal nach Herrn Schulte schaut, spricht sie Schwester Sybille an: „Wann kann ich erfahren, wie es für meinen Vater weitergeht?"
Die Krankenschwester tut, was sie eigentlich nicht darf. Sie erzählt von der geplanten Verlegung. Die Tochter ist schockiert. „Kommen Sie morgen schon um 8 Uhr!", sagt Schwester Sybille. „Dann können Sie noch mit der Ärztin sprechen!"
Am nächsten Morgen gibt es ein Streitgespräch zwischen der Tochter und der Ärztin. Herrn Schulte aber bleibt die Verlegung erspart.

Schweige nicht, Mensch

Schweige nicht, Mensch.
Erhebe deine Stimme.

Für die,
deren Stimme nicht zählt,
die sprachlos geworden sind
und verstummt unter dem Unrecht,
das ihnen geschieht.

Schweige nicht, Mensch.
Erhebe deine Stimme
über die Grenze hinweg,
die dich zwingen will,
den Mund zu halten.

Für die,
die benutzt werden
und versklavt,
heute,
in unserer Zeit,
die wir modern nennen,
in unserer Welt,
die wir als global ansehen.

Schweige nicht, Mensch.
Damit Gott
nicht verstummt
in der Welt.

Die Erfindung des Lebens

Manchen Menschen verschlägt es die Sprache, nicht nur einen Moment lang, sondern dauerhaft. Ein Unglück oder ein traumatisches Erlebnis verschließt ihnen den Mund.
So erging es dem Schriftsteller Hanns Josef Ortheil. Neben seiner verstummten Mutter wurde er selbst zu einem schweigenden Kind.
Wie er aus dieser Stille gelöst wurde und seine Sprache fand, erzählt er in seinem autobiographisch geprägten Roman „Die Erfindung des Lebens".

Er, der im Buch Johannes genannt wird, wächst als einziges Kind in einem liebevollen Elternhaus auf. Aber über der Familie liegt ein Schatten. Vier ältere Jungen, seine Brüder, sind gestorben. Die Mutter ist über ihrem Schmerz verstummt. Und auch Johannes spricht kein einziges Wort – als sei er in einer solidarischen Symbiose an seine Mutter gebunden.
Nahezu greifbar ist die Stille im Haus zwischen den Zeilen des Buchs. Sie wird nur ein wenig aufgebrochen, weil die Mutter irgendwann beginnt, Johannes das Klavierspielen beizubringen.
Wenn der Vater am Abend nach Hause kommt, verständigen die Eltern sich mithilfe von kleinen Zetteln, die die Mutter im Laufe des Tages geschrieben hat. Zwar spricht der Vater mit Johannes und nimmt ihn auch mit an Orte, wo gesprochen wird. Doch die Zunge des kleinen Jungen löst sich nicht.

Auf dem Spielplatz und vor allem später in der Schule wird der Junge gehänselt. Gemobbt würde man heute sagen, weil seine Mitschüler ihn, der anders ist als sie, nicht akzeptieren. Schließlich soll er sogar die Schule verlassen.
Da zieht der Vater die Reißleine und leitet eine Wende ein. Er unternimmt eine Reise mit dem Jungen. Die beiden fahren aufs Land zu den Großeltern. Hier in der entspannten Atmosphäre, wo niemand besonders Notiz von ihm nimmt, wo er einer unter den anderen ist, lernt der Junge,

sich selbst zu vertrauen. Er arbeitet mit, spielt Klavier, reitet und bringt sich selbst das Schwimmen bei.

Auf Erkundungsgängen mit dem Vater lernt er, genau wahrzunehmen. Die beiden zeichnen das, was sie sehen. Dann geben sie dem, was nun auf dem Papier abgebildet ist, einen Namen.

Die Dinge verbinden sich mit den Bildern, die Bilder mit den Worten.

Es ist, als erfinde Johannes unter der Anleitung seines Vaters die Welt und ein neues Leben für sich selbst. Und irgendwann spricht er seinen ersten Satz. Dann sprudeln die Worte geradezu aus ihm hervor und die Sprache bahnt sich einen Weg in sein Leben.

Der Vater, er scheint mir ein Vorbild zu sein, wie sich auch mit anderen umgehen ließe, die verstummt sind. Er löst das Kind aus den gewohnten Zusammenhängen und macht sich mit ihm auf den Weg. Er nimmt seinen Sohn genau wahr und versteht, wie dieser die Welt begreift. Dann entwickelt er Ideen, was Johannes helfen könnte, um Worte zu finden und sie dann auch auszusprechen. So ermutigt er sein Kind, Vertrauen ins Leben und in die eigene Stimme zu gewinnen. Ein Heilungsprozess beginnt.

Und auch für die Mutter leitet die Reise von Vater und Sohn eine Befreiung ein. Auch sie findet ihre Sprache wieder.

Zunächst macht Johannes Karriere als Pianist. Aber – als müsse auch hier noch ein Band gelöst werden – er scheitert daran, dass sich seine Sehnenscheiden immer wieder entzünden.

Am Ende wird er Schriftsteller, ausgerechnet die Worte sind es, die sein Leben prägen und mit denen er andere Menschen berührt.

(nach: Hanns-Josef Ortheil: Die Erfindung des Lebens, Luchterhand Literaturverlag, München 2009.)

Segenswunsch: Erlösend und heilsam

Ich wünsche dir
eine gute Wahrnehmung.

Ohren, die hören,
was andere nicht aussprechen können:
Worte und Gefühle unter dem Gesagten,
Sätze und Gedanken zwischen den Zeilen.

Ich wünsche dir
die Fähigkeit,
behutsam zu benennen,
was erlösend ist,
und eine Sprache zu finden,
die heilsam ist.

JUNI:
Gottes Willen ergründen

Man muss Gott mehr gehorchen als den Menschen.
APOSTELGESCHICHTE 5,29 (L=E)

Gedankenspiel

Angenommen, es gäbe einen Gott, der verlangt, zu hassen. Er befiehlt den Menschen, die an ihn glauben, andere herabzusetzen: Demütige deine Mitmenschen so oft du kannst. Mach sie klein und trampele auf ihnen herum. Auf ihre Seele nimm keine Rücksicht. Menschen, die unterzugehen drohen, lass getrost ertrinken. Und wenn dir jemand in die Quere kommt, scheu dich nicht, ihn umzubringen.

Angenommen, es gäbe einen Menschen, der in der Liebe lebt. Er richtet die auf, die am Boden sind. Für jene, die ihm begegnen, hat er ein Lächeln übrig und findet ein gutes Wort. Er versteht, sich zurückzunehmen für andere Menschen. Ja, vielleicht würde er sein letztes Hemd für den geben, der es dringender benötigt als er selbst. Wunden verbindet er. Heimatlose rettet er aus dem Meer der Verlorenheit. Und er fordert andere auf, es ihm gleichzutun.

71

Man muss Gott mehr gehorchen als den Menschen. Hier wäre der Satz ins Absurde gewendet.

Solch ein Gedankenspiel zeigt, welch eine schwierige Kategorie „Gehorsam" ist. Wer ihn fordert, verlangt, dass ich ihm mein Denken und mein Gewissen unterordne, ja, vielleicht gar opfere.

Diktaturen arbeiten auf diese Weise: oben ein gottgleicher Machthaber, der absoluten Gehorsam verlangt. Das Individuum löst sich in der Masse auf und geht unter. Und die Verantwortung für das eigene Tun wird abgegeben an eine Instanz außerhalb meiner selbst. Ich gehorche und führe „nur" die Befehle von oben aus Auch religiöser Extremismus funktioniert durch solch einen Absolutheitsanspruch. Das Individuum hat sich einem allmächtigen „Gott" zu unterwerfen, in dessen Namen alles erlaubt ist. Unterdrücken, Foltern, Morden. Menschen, die sich ihm unterordnen, denken nicht mehr selbst. Sie haben kein Mitgefühl und kein Erbarmen mit denen, die gegen ihre rigorosen Gesetze verstoßen, die anders oder gar nicht glauben.
Auf diese Weise instrumentalisieren religiöse Extremisten Gott und missbrauchen seinen Namen.

Gehorsam verlangen dürfte nur, wer das Individuum achtet, wer Widerspruch und Zweifel wertschätzt und eigenes Denken einfordert. Eben das aber steht in einem gewissen Gegensatz zur Kategorie des Gehorsams.

Man muss Gott mehr gehorchen als den Menschen? Ich glaube nur einem Gott, der mir zumutet, mich von ihm hinterfragen und eben nicht bestätigen zu lassen. Er nimmt mich als mündigen Menschen ernst und erlegt mir auf, die Verantwortung für mein Tun selbst zu tragen.
Ich glaube ihm, der mich auffordert, mein Gewissen anhand der Liebe, die er selbst ist, zu prüfen, zu schulen und zu pflegen. Statt Befehle zu erteilen, stellt er einen Anspruch an mich, welcher nicht einlösbar ist. Einen übermenschlichen, und eben gerade nicht unmenschlichen. Dieser göttliche Absolutheitsanspruch der Liebe: Er ist es, der uns zu menschlichen Menschen macht.

Gebet: Quelle des Lebens

(zum ersten Psalm)

Wie Wasser auf dem Weg
zwischen Quelle und Mündung
flüstert und wispert,
säuselt und raunt,
murmelt und summt,

so lass mich murmeln deine Weisungen
und summen deine Weisen,
bis sie summen
und murmeln in mir.

Die ihre Wurzeln strecken zu dir,
du Quelle des Lebens:
grünen werden sie,
singen und summen wird es
in ihren Zweigen.

Zu Stämmen wachsen sie,
stark und fest.
Lehnen können sich an sie
alle, die suchen und sich sehnen
nach dir.

Über allem: die Liebe

Ob auch die im Nicht-Glauben so Sicheren gelegentlich ins Zweifeln geraten? Jene, die so felsenfest überzeugt sind davon, dass es weder einen Gott noch einen Himmel geben kann? Ob sie ins Zweifeln geraten, etwa, wenn ein Kind geboren wird und sie vor dem stehen, was man ein Wunder nennen könnte?
Oder wenn sie in einem Unglück bewahrt werden und das erleben, was man den Anflug eines Schutzengels nennen könnte?

Nicht, dass ich jemanden bekehren oder ihm ein triumphierendes „Siehst du!" entgegenhalten möchte. Mir scheint nur, dass Zweifel an der eigenen Ansicht einen Menschen warmherziger und einfühlsamer machen gegenüber denen, die anders denken als er selbst.

Jeder Absolutheitsanspruch hingegen wirkt sich schädlich aus; sowohl der der allzu überzeugten Gläubigen als auch jener der allzu sicheren Nicht-Gläubigen. Er verhärtet den, der ihn vertritt. Er macht intolerant, verbissen und oft genug auch militant. Er richtet Grenzen auf, statt sie abzubauen und bringt manchmal sogar Hass und Gewalt in die Welt.

Und darum fände ich es zu begrüßen, wenn Glaubende gelegentlich ins Zweifeln und Zweifelnde gelegentlich ins Glauben kommen. Dass die Deutung der Wirklichkeit auf vielfältige Weise möglich ist, darüber wünsche ich mir eine Übereinstimmung. Dass Skepsis zu würdigen ist und Entwicklung zu begrüßen. Und eine Ökumene all jener Menschen, denen die Liebe das größte Gebot ist und Solidarität die daraus folgende unablässige Konsequenz.

(aus: Tina Willms: Zwischen Stern und Stall. Ein Begleiter durch die Advents- und Weihnachtszeit. Andachten, Gedichte und Gebete, © 2015 Neukirchener Verlagsgesellschaft mbH, Neukirchen-Vluyn, 3. Auflage 2018, S. 120.)

Fantasie und Farbe

Irmela Mensah-Schramm ist wieder unterwegs. In der Hand trägt sie einen unscheinbaren Beutel. Sie schaut nach rechts, nach links, als suche sie etwas. Hier inspiziert sie einen Laternenmast, dort eine Mauer. Schließlich wird sie fündig. Sie holt eine Dose aus ihrer Tasche, dann beginnt sie zu sprühen.
Nach und nach verschwindet ein schwarzes Nazikreuz unter roter Farbe. Ein Herz entsteht.

Seit dreißig Jahren schon überdeckt die 73-jährige menschenverachtende Symbole mit Farbe. Wo vorher Hassparolen zu sehen waren, entstehen nun Blüten, eine Sonne oder ein lächelndes Gesicht. Durch Fotos dokumentiert sie das Vorher und Nachher.

Was Irmela Mensah-Schramm tut, ist verboten. Laut Gesetz gilt es als Sachbeschädigung und ist somit untersagt. Sie aber gehorcht dieser Vorschrift nicht, sondern hört auf ihr Gewissen. Sie hütet ihre innere Stimme und lässt sie auch von Gesetzen nicht manipulieren.

Mehrmals schon ist sie deswegen angeklagt und zu Geldstrafen verurteilt worden. Das sei ihr egal, meint sie. Symbole von Hass und Gewalt sind ihr ein Gräuel. Die kann man doch nicht einfach so stehen lassen, sagt sie empört. Und so zieht sie weiter los, die Tasche mit Farben und Fotoapparat in der Hand.

Für mich übersetzt Irmela Mensah-Schramm in allgemeinverständliche Bilder, wie es aussehen kann, Gott mehr zu gehorchen als den Menschen.

Rote Herzen über schwarzen Hakenkreuzen:
Liebe versprühen. Das eigene Gewissen nicht manipulieren zu lassen von Vorschriften, die Hass zulassen oder – wie z.B. im Nationalsozialismus geschehen – gar Gewalt befehlen.

75

Bunte Blumen und eine Sonne statt Gewaltparolen:
Fantasievoll und warmherzig das überdecken und unschädlich machen,
was grausam und unmenschlich ist.

Ein freundliches Gesicht statt hämischer Worte:
Für ein Miteinander einstehen, das farbenfroh, hell und vielfältig ist.

Segenswunsch: Gewissenhaft

Moment mal!
Denk noch mal nach.
Leise formuliert das Gewissen
seine Einwände.

Das machen doch alle so!
Jeder ist sich selbst der Nächste!
Laut versucht eine andere Stimme,
alle Bedenken
vom Tisch zu wischen.

Ich wünsche dir,
dass dein Gewissen
sich nicht beschwichtigen lässt
vom Getöse um es herum.

Ich wünsche dir,
dass du seine
so übertönbare Stimme
wahrnimmst und würdigst,
und sie pflegst und hütest
wie einen Schatz.

Gott vernehmen

Manchmal, nicht oft,
ich gebe es zu,
und meistens im Juni,
ist mir,
als könnte ich
Gott vernehmen.

Wer sonst weckte zuerst
den Gartenrotschwanz,
und dann nach und nach
Singdrossel, Amsel, Rotkehlchen,
Zaunkönig, Buchfink
und schließlich die Meisen?

Wer färbte in nachtschwarzen Räumen
die Erdbeeren rot?
Eine Einladung: sonnenwarm.

Und wer ist es,
der nun durch die Krone der Linde huscht,
in ihren Blättern ein „Guten Morgen" raunt
und den Duft aus ihren Blüten schüttelt?

„Guten Morgen"
sage auch ich.
Und atme tief ein.

„Wie schön,
dass du da bist!"

JULI:
Gottes Nähe aufspüren

> Gott ist nicht ferne von einem jeden unter uns. Denn in ihm leben, weben und sind wir.
> APOSTELGESCHICHTE 17,27 (L)

Metaphern

Ich mag Dinge, die vor mir da waren und nach mir da sein werden.

Die Linde, die schon das Dach unseres Hauses überragte, als ich ein Kind war. Wie oft bin ich in ihre Äste gestiegen und habe mich, dem Himmel etwas näher, dort versteckt. Auch heute noch streiche ich verstohlen über ihre Rinde und lehne meine Stirn oder den Rücken eine Weile an ihren Stamm. Ich höre dem Wind zu, der durch die Blätter streicht. Als habe er mir etwas zu sagen, ja, als flüstere er mir ein Geheimnis ins Ohr.

Der Fluss, an dem vor über tausend Jahren Menschen den Grundstein für eine Kirche legten, die ich noch heute betreten kann. Er mäandert sich immer noch in Richtung Meer. Mit ihm scheint die Zeit zu fließen, fort und fort. Und doch wiederzukehren, während die Menschen am Ufer andere sind. Manchmal stehe ich dort und träume mich fort.

Und auch in der Kirche sitze ich gerne. Andere haben ihre Steine übereinandergeschichtet und die Bögen über den Fenstern konzipiert. Haben Glas bemalt und in Blei gefasst zu Bildern, die lang überlieferte Geschichten erzählen.

Wie viele Gebete haben ihre Mauern vernommen, wie viele Paare haben sie gesehen, die zuversichtlich und unbefangen einander ihr „Ja" zusagten? Und haben auch jene in sich geborgen, die Abschied nehmen mussten.

Ja, ich mag die Linde, den Fluss und die uralte Kirche.
Sie erzählen mir von Verlässlichkeit. Sie stehen für ein Versprechen, das ich weder einlösen kann noch muss.

Es gibt vieles, das mich überdauern wird. Ich führe manches fort, was ein anderer vor mir begonnen hat. Und anderes, was ich beginne, wird eine andere nach mir vollenden.

Ich weiß: Auch die Dinge, die vor mir waren und nach mir sein werden, werden wohl irgendwann vergehen. Und doch scheinen sie mir da zu sein für eine kleine Ewigkeit.

Als seien es Metaphern, die über sich hinausweisen und mehr sagen, als sich mit Worten einfangen lässt. Hinweise, eingebaut in die vergängliche Welt, die schon erzählen von ihm, der ewig ist und sich nicht fassen lässt, weder in Raum noch Zeit.

Ins Elternhaus des Lebens

Wieder deine Sprache verstehen,
sie lernen, Wort für Wort,
Sprache die auskommt
ohne Stimme und Schall.

Ihre flirrenden Verben konjugieren
durch alle Zeiten,
ihre Nomen memorieren
und ihre Adjektive aufspüren allerorts.

Du Sonne, die über den Himmel wandert,
dein Schein überzieht alle Welt.
Du Regen, der aus den Wolken fällt,
und es wuchert, wimmelt und wächst.

Abends sagt der Tag zur Nacht: Wache!
und legt sein Werk ihr in die Hände.
Da zündet sie ihre Lichter an
und erzählt in Bildern
eine Geschichte, wie alles begann.

Ja, wache über uns,
schleich dich in unsere Herzen,
pilgere durch die Gedanken
und füll unsere Seelen
mit deiner wortlosen Sprache.

Lock uns, du Hüterin,
ins Elternhaus des Lebens.

Sommerzeit

Sommer – Zeit, die Schöpfung zu spüren und sich selbst als Teil davon, mittendrin.

Sich leicht fühlen. Endlich das zarte Sommerkleid überstreifen, das T-Shirt anziehen, die kurze Hose. In Sandalen schlüpfen. Oder gleich barfuß laufen.
Sommer: raus ins Freie. Hautkontakt aufnehmen zur Natur.
Den Staub von der Seele fegen, die eigene Lebendigkeit spüren.

Sonne wärmt das Gesicht. Wind spielt in den Baumkronen und streicht über die Haut. Rosen-und Lavendelduft zieht in die Nase.
Licht zeichnet sich in die Zeit, spielt mit den Schatten, malt bewegliche Muster auf Böden und Wände und fällt in Gedanken und Herz. Ich entdecke Details, die ich noch nie gesehen habe, und die Farben leuchten anders als sonst.

Ein Fest für die Sinne ist der Sommer. Als lade einer ein, das Leben zu feiern.

Gebet: Licht und Dunkel

Gott, liebevoller Vater,
manche Tage sind so leicht
wie das Licht
an einem Morgen im Sommer.
Dann fühle ich mich,
als wüchsen mir Flügel.

Aber es gibt auch
die anderen Tage,
dunkel und kühl
und schwer zu überstehen.
Dann lass mich deine Hand spüren,
die meinen Rücken stützt
und mich hält.

Gott, ich brauche dich,
deine Nähe, aus der ich Hoffnung schöpfe,
deine Liebe, die mich wärmt,
deinen Segen, der mich wachsen lässt.

Anspruch und Verheißung

Angekommen. Oben auf dem Berg. Hier soll Moses von Gott die steinernen Tafeln erhalten haben, auf denen die Zehn Gebote eingemeißelt waren. Leitlinien für das Leben mit ihm und untereinander.
Auf dem Berg ist man Gott scheinbar näher als anderswo, hier scheint es möglich zu sein, dass er auftaucht und zu einem spricht.

Ein grandioses Panorama öffnet sich an diesem Abend vor unseren Augen:
Die karge Wüstenlandschaft ist mit einem orangefarbenen Schimmer überzogen, weil die Sonne gerade untergeht.
Schweigend schauen wir dem Schauspiel zu. Ganz still ist es hier. Jeder und jede von uns scheint zu ahnen, dass diese Augenblicke zu den Unvergesslichen des Lebens gehören werden.

Später der Abstieg. Die Dämmerung ist herangezogen, schnell legt sie sich wie eine dunkle Decke über das Land. Hier gibt es keine Straßenlampen, keinen Fensterschein, keine Blinklichter, die sie vertreiben.
Stockdunkel ist es dennoch nicht. Über uns spannt sich ein Sternenhimmel aus, wie ich ihn noch nie und nie wieder gesehen habe. Die Milchstraße scheint so nah, als könne man sie betreten. Unzählbar, unfassbar die Fülle der Lichtpunkte über uns.

Ich denke an Abraham. Ob auch er unter diesem Himmel gestanden hat, als Gott ihm ein Versprechen gab:
So viele Nachkommen wie Sterne am Himmel werde ich dir schenken.
Abraham war alt, seine Frau Sara hatte die Wechseljahre lange hinter sich. Nachkommen hatten sie keine.
Absurd erschien diese Verheißung. So wie es Verheißungen eigen ist. Schöne Worte, wenig dahinter? Oder doch: vom Himmel gekommen mit der Kraft, sich zu erfüllen?

An diesem Abend erscheint alles möglich. Heute noch ist es so, als wäre ich dort, wenn ich mich an ihn erinnere.

Segenswunsch: Wunder

Sehen,
als sei alles ein Anfang.
Hören,
als hättest du nie gehört.
Schmecken,
als sei es das erste Mal.

Ich wünsche dir,
dass deine Sinne
sich immer wieder
neu öffnen.

Und dir das Leben
als Wunder
entgegenkommt.

AUGUST:
Bitten und flehen, entdecken und danken

Neige, HERR, dein Ohr und höre! Öffne, HERR, deine Augen
und sieh her!
2. KÖNIGE 19,16 (E)

Mit gemischten Gefühlen

König Hiskia ist in einer verzweifelten Lage. Das übermächtige assyrische Heer steht vor den Toren Jerusalems, um die Stadt zu erobern. Es scheint keinen Ausweg mehr zu geben.
Da geht Hiskia in den Tempel, um zu beten. Neige dein Ohr zu uns, Herr! Erweise deine Macht, damit alle Welt erkennt, dass du Gott bist.

Und tatsächlich: In der Nacht – so heißt es – kam „der Engel des HERRN und schlug im Lager der Assyrer hundertfünfundachtzigtausend Mann" (2. Kön. 19, 35 (L)). Und die im Heer, die übriggeblieben sind, haben den Rückzug angetreten. Jerusalem ist frei.

Ich gestehe, ich lese solche Erzählungen mit gemischten Gefühlen.
Zum einen werden Geschichte und Geschichten von Menschen interpretiert, und zwar im Nachhinein. Jedes Ereignis lässt sich dabei auf unterschiedliche Weise deuten.

Was wäre gewesen, wenn es anders ausgegangen wäre?
Wer wollte denn eindeutig erkennen und sagen, wann Gott am Werk war und wann nicht?

Auch die Bibel spricht nicht mit einer Stimme. Hier klingt es ja so, als schlage Gott sich auf die Seite derer, die an ihn glauben und zu ihm beten.
Hiob hingegen kämpft im gleichnamigen Buch der Bibel geradezu darum, dass es keinen eindeutig nachweisbaren Zusammenhang zwischen dem Tun und Ergehen gibt. Wie sonst könnte es sein, dass er, der so vorbildlich Fromme, trotz aller Gebete so viel Leid ertragen muss; dass seine Kinder ihm wegsterben und Haus und Vieh ihm genommen werden?
Und im Matthäusevangelium heißt es fast lapidar: Gott „lässt seine Sonne aufgehen über Böse und Gute und lässt regnen über Gerechte und Ungerechte" (Matthäus 5, 45 (L)).

Nein, das Beten und der Glaube: Sie schützen uns nicht. Wer kausale Zusammenhänge herstellt zwischen dem eigenen Gebet und dem Wunder, der läuft Gefahr, Menschen in die Verzweiflung zu treiben, die genau das nicht erleben.
Wie vielen geht es wie Hiob. Sie haben ein Leben lang geglaubt und in einer verzweifelten Lage nach Kräften gebetet. Und blieben doch nicht verschont.

Vor allem aber lese ich Geschichten dieser Art mit gemischten Gefühlen, weil sie dazu verführen könnten, Gott für sich selbst zu instrumentalisieren. Bis heute vereinnahmen Extremisten Gott für ihre „Glaubenskriege". Sie eignen sich eine Macht an, die nur ihm zusteht, „in seinem Namen" tyrannisieren, foltern und bringen sie die ums Leben, die sich ihnen nicht beugen.
So aber lästern sie einen Gott, der sich barmherzig nennt, auf die übelste Weise.

Auch biblische Texte und Geschichten müssen hinterfragt werden dürfen. Sie sind ja von Menschen aufgeschrieben. Und sie zeigen oft genug nur eine Sicht der Dinge.
Aufklärung, Zweifel und Fragen, historische Einordnungen: Sie sind ein Segen, kein Fluch.

Sie ermöglichen uns, zu unserem Glauben und auch zu uns selbst in eine kritische Distanz zu treten. Zu hinterfragen, zu überprüfen, zu revidieren. Denn die Wahrheit ist fragil und veränderlich. Und wir haben sie niemals ganz in der Hand.

Und Gott bleibt Gott, unsere Worte und unsere Bilder umfassen ihn nicht. Unverfügbar ist er und manchmal doch spürbar nah.

Der Glaube enthält also Zumutungen:
Ich muss ertragen, dass es keine unmittelbaren Zusammenhänge gibt. Darum will ich lernen, mit meinen Deutungen behutsam und vorsichtig zu sein.
Ich muss aushalten, dass Gott mich nicht ermächtigt, größer zu sein als ich bin. Auch sichert er mich nicht ab gegen das Risiko, versehrt zu werden. Ich bin und bleibe verletzlich, auch als Glaubende.

Vielleicht ist das die eigentliche Herausforderung des Glaubens: Gott treu zu bleiben und mit ihm im Gespräch zu sein, auch dann, wenn mir die Bilder von ihm zerbrechen.
Vielleicht ist das Gebet eine Weise, sich auch heute mit einem Gott zu solidarisieren, der seine Allmacht der Liebe opfert, um bei den Menschen zu sein.

Und zu glauben bedeutet vor allem, die Schönheit Gottes sichtbar zu machen, die in der Liebe besteht.
Zart ist die, und doch stark. Und sie bringt nicht den Tod mit sich, sondern das Leben.

Ein anderer Ton

In Tiefen,
die mich sprachlos machten
fiel ich hinab,
fand keinen Grund für meine Worte,
versank im trüben, zähen Schlamm.

Abgeschrieben da,
wo man auf Leistung setzte,
abgestempelt und
zu den Akten gelegt.

Doch: Da warst du
und schriebst dich ein
in meine sinnverlornen Tage.

Zur Schriftrolle
wurde ich,
leer,
die Raum bot
für deine Zeilen.

Du gabst mir einen anderen Ton,
der zarter war,
doch ganz mein eigener.

Nun klingen deine Worte
neu in mir,
du hast sie mir ja
auf den Leib geschrieben.

Mancher, der es hört,
merkt auf,
lauscht und vernimmt,
wie du
zwischen den Zeilen
zu summen beginnst.

Nah,
um das Blatt zu wenden.

Ich kann nicht beten

(ein Gastbeitrag von Heinke Willms)

„Weißt du, was merkwürdig ist?", fragt meine Freundin. „Ich kann gar nicht mehr beten."

Wir sitzen am Fenster in ihrem Krankenhauszimmer. Nach ihrer schweren OP kann sie inzwischen wieder ein wenig mit ihrem Rollator laufen. Aber sie sieht noch geschwächt aus und wirkt müde.

„Ich konnte immer beten", fährt sie fort. „Habe immer Worte gefunden. Und ich habe auch viel für andere gebetet."

Ich nicke. „Ja, ich weiß", sage ich und lächele. "Jeden Abend – du hast es mir manchmal erzählt."

„Es hat mir geholfen, gelassener zu werden", sagt sie. „Die Menschen, um die ich mich sorgte, Gott anzuvertrauen. Und die Dinge, die mich bedrückten, loszulassen."

„Und", fügt sie hinzu, „auch Gott zu danken, war mir wichtig. Jeden Tag erleben wir so viel Gutes. Ich wollte mir das bewusst machen, es nicht als selbstverständlich nehmen. Und nun kann ich es nicht mehr."

Tränen treten ihr in die Augen.

„Es fehlt mir", fährt sie fort. „Ich fühle mich so abgeschnitten von Gott. Und ich finde einfach keine Worte."

„Du hast gerade so viel Schweres hinter dir", sage ich. „Vielleicht musst du das erst einmal verarbeiten."

„Das stimmt", antwortet sie. „Ich bin so müde – und die Schmerzen strengen mich sehr an. Meistens schlafe ich schlecht und habe ganz wirre Träume."

Ihr Gesicht verändert sich, fast ein wenig trotzig sagt sie:

„Vielleicht müssen jetzt mal andere für mich beten."

„Ja", füge ich hinzu, „für dich – und an deiner Stelle."

Wir schweigen.

Dann spricht sie in die Stille hinein: „Das Beten hört nicht auf, nur weil ich es gerade nicht kann."

„Andere beten für dich", sage ich.

„Meine Tochter", antwortet sie. „Und meine Schwester. Und Menschen aus der Gemeinde."

Ein Lächeln gesellt sich zu ihren Tränen – fast keck sagt sie: „Du doch bestimmt auch."

„Natürlich", erwidere ich und lächle zurück. "Schon erledigt – und immer wieder gerne."

Wir lachen ein bisschen.

„Manchmal", meint sie dann, „habe ich hier übrigens doch schon gebetet." Sie schaut auf ihre Hände. „Nicht mit eigenen Worten. Mit geliehenen."

Ich sehe sie fragend an.

„Das Vaterunser", sagt sie, „kurz nach der Operation – und manchmal abends.

Und „Müde bin ich, geh zur Ruh", mein altes Kindergebet."

„Auch mein altes Kindergebet", denke ich. Und fast von allein bete ich in Gedanken weiter: „Vater, lass die Augen dein über meinem Bette sein …"

„Wie gut", sage ich, „dass du jetzt diese Worte hast."

„Ja", bestätigt sie, „manchmal kommen sie einfach aus mir heraus. Und ich werde ruhiger, wenn ich sie spreche."

Es klopft. Eine Frau tritt ins Zimmer.

„Da kommt meine Physiotherapeutin", seufzt meine Freundin und grinst. Sie hievt sich von ihrem Stuhl hoch.

„Na, dann macht euch mal an die Arbeit", sage ich.

Wir umarmen uns.

„Bis bald", sagt sie.

„Ja", antworte ich. Ich zwinkere ihr zu – und wie aus einem Mund sprechen wir unseren vertrauten Gruß: „Adieu".

Segenswunsch: Ohren und Augen

Ich wünsche dir Ohren,
die dir zugeneigt sind,
gespannt auf das,
was du zu sagen hast,
aufmerksam für das,
was zwischen den Zeilen schwingt.

Und Augen,
die dich offen ansehen,
mit einem klaren Blick,
dem du vertrauen kannst
und der erkennt,
wer du bist.

Ich wünsche dir,
dass Gott dir begegnet
durch Menschen,
die dich verstehen und sehen.

Himmelspostkarte

Manchmal habe ich das Gefühl, eine Postkarte aus dem Himmel zu erhalten.
Zum Beispiel an diesem Abend am Meer:

Ich gehe mit nackten Füßen am Wasser entlang. In den Ohren das Rauschen und über dem Horizont ein roter Feuerball: die Sonne. Ihre Farben brechen sich in jeder Welle, die auf dem Strand ausläuft. Ich bleibe stehen und schaue zu, wie sie langsam im Meer versinkt.

Eigentlich ist es ja gar nicht so, überlege ich. Nicht die Sonne versinkt im Meer. Sondern die Erde dreht sich unter ihr weg. Im genau richtigen Abstand, sodass Leben entstehen konnte.
Wie viele Planeten, wie viele Sterne gibt es, auf denen nur Staub und Steine sind. Die nichts sind als große Murmeln auf dem Weg durch das All.

Die Erde aber ist wie gemacht für das Leben. Mit Wasser, Sonnenlicht, Pflanzen und Tieren. Und uns. Alles ist da, was wir brauchen.
Ich kann mir nicht vorstellen, dass das ein Zufall ist.

Ich atme die salzige Luft ein und schaue zu, wie Himmel und Wolken sich färben. Noch malen die Wellen glitzernde Muster auf den Strand. Und am Spülsaum entdecke ich eine herzförmige Muschel.

Ein Wunder ist diese Erde, die sich unter der Sonne dreht. Mit allem, was auf ihr ist. Auch mit mir. Mir wird fast schwindelig, wenn ich darüber nachdenke.

Plötzlich fühle ich mich klein an diesem Abend am Meer. Und doch auf eine seltsame Weise geborgen.
Was ist der Mensch?, frage ich mich. Was ist der Mensch, dass du, Gott, an ihn denkst?

Unvorstellbar groß muss dieser Gott sein, der das All erschaffen hat. Und doch hält er die Welt behutsam in seinen Händen. Wunderbar, auf seiner Erde leben zu dürfen. Einer unter Milliarden Menschen. Und doch einzigartig.

Geliebt von diesem großen Gott. Er erinnert sich an uns. An jeden einzelnen und jede einzelne.

Und zuweilen, da schickt er uns einen Gruß aus seiner Ewigkeit.
Ich denke an dich, steht an diesem Abend auf meiner Himmelspostkarte.
Danke, schreibe ich mit dem Fuß in den Sand. Und hoffe, dass das unermüdliche Meer meine Antwort hinter den Horizont trägt.

Schattenbild

Ein Hauch,
ein Schattenbild in einer Handbreit Tage

und manchmal stumm
vor allem, was misslang.

Ein Hauch,
ein Schattenbild in einer Handbreit Tage

und doch so fröhlich,
weil ich bin.

(aus: Tina Willms: Zwischen Abschied und Anfang. Ein Begleiter durch die Passions- und Osterzeit. Andachten, Gedichte und Gebete, © 2020 Neukirchener Verlagsgesellschaft mbH, Neukirchen-Vluyn, S. 129.)

SEPTEMBER:
Alles umsonst?

Ihr sät viel und bringt wenig ein; ihr esst und werdet doch
nicht satt; ihr trinkt und bleibt doch durstig; ihr kleidet
euch, und keinem wird warm; und wer Geld verdient, der
legt's in einen löchrigen Beutel.

HAGGAI 1,6 (L)

Geplante Obsoleszenz

Unser Sohn ging in die sechste Klasse, da lernte ich von ihm ein neues
Wort: geplante Obsoleszenz. Als ich fragte, was es bedeute, erklärte er
mir:
Die Dinge sollen nach einer gewissen Zeit kaputtgehen. Ihr Verfallsda-
tum ist sozusagen bewusst eingebaut, damit sie nicht allzu lange halten.
Ein Weg also, um die Wirtschaft am Laufen zu halten, in einer Gesellschaft, die auf Wachstum setzt.

Geplante Obsoleszenz beschleunigt den Kreislauf des Geldes. Zugleich
macht sie Dinge bewusst wertloser als nötig.
Und das zieht sich durch viele Bereiche des Lebens. Die Mode wechselt
häufiger als früher; was ich heute kaufe, ist im kommenden Jahr schon
wieder out; etwas Neues muss her. Kleider werden, kaum getragen, in
den Altkleidersack gestopft.
Was defekt ist, lässt sich nicht mehr heil machen. Wo früher Schrauben

99

waren, um nachzusehen, was kaputt ist, sind heute Schweißnähte, die einen Blick in das Innere verwehren.

Auch lohnen Reparaturen sich oft nicht mehr. Es ist billiger, Neues zu kaufen. Was noch gar nicht so alt ist, wird wertlos und wandert auf den Müll.

Ja, das hält die Wirtschaft am Laufen. Aber zugleich sorgt es für eine gewisse Vergeblichkeit des eigenen Tuns. Was ich herstelle, darf keine Qualität haben, die es langlebig macht. Es soll keine Geschichte mehr entwickeln, die es einem anderen lieb und teuer machen könnte.

So verlieren nicht nur die Dinge an Wert. Ebenso verlieren die, die sie herstellen, an Wertschätzung. Immer schneller und billiger müssen sie produzieren.

Und nebenbei plündern wir auch noch die Erde aus. Als hätten wir davon noch mehrere in der Hinterhand.

Was eigentlich für Wachstum und Wohlstand sorgen soll, kommt mir zugleich wie eine Weise vor, in einen löcherigen Beutel zu wirtschaften.

Wann hören wir damit auf? Wann dürfen die Dinge wieder eine Seele haben? Wann zählt die Geschichte, die ich mit einem Gegenstand habe, mehr als die Frage, ob er modern genug ist?

Wann werden wir bereit sein, faire Löhne zu zahlen? Auch das lässt die Dinge lieb und teuer werden. Dass nicht nur ich daran Freude habe, sondern auch die Menschen, die sie hergestellt haben.

Ich habe mir vorgenommen, weniger zu kaufen und mehr auf Qualität und Langlebigkeit zu achten. Was kaputt ist, bringe ich in ein Reparier-Café, um zu schauen, ob es sich heil machen lässt.

Außerdem will ich öfter Dinge aus zweiter Hand erwerben. Ich möchte mit ihnen eine Geschichte entwickeln, die es mir schwer machen wird, sie einfach wegzuwerfen.

Und was ich selbst aussortiere, kommt, wenn es gut erhalten ist, nicht auf den Müll.

Das Kleid, das mir nicht mehr passt, bringe ich ins Sozialkaufhaus, Bücher finden in einem Antiquariat ihren Platz, und einmal im Jahr stelle ich eine Kiste an den Gartenzaun mit der Aufschrift „zu verschenken". Andere freuen sich an dem, was ich nicht mehr brauche.

Ich werde mehr Geld in Dienstleistungen stecken, die keine Ressourcen verbrauchen. Auch das gibt anderen Menschen Arbeit. Arbeit, die sie gut machen dürfen und die zufrieden macht.

Ich möchte die Schöpfung wertschätzen, möchte „Danke" sagen für das, was die Erde uns schenkt.

Und ich möchte dazu beitragen, dass Worte wie „geplante Obsoleszenz" so schnell wieder aus unserem Wortschatz verschwinden, wie sie hineingekommen sind. Damit Kinder sie nicht mehr ihren Eltern erklären müssen.

Gebet: Hinter dem Hunger

Gott,
du siehst den Hunger hinter der Sattheit
und die Armut hinter dem Reichtum.

Verdreh unsere Welt,
stell sie auf den Kopf.

Satt werden wir sein,
wenn wir auch andere speisen.

Reich werden wir sein,
wenn wir mit anderen teilen.

Erfülle unser Leben mit einer Fülle,
die sich nicht kaufen lässt.

Schenk uns den Schatz des Schenkens,
aus dem du selbst das Leben schöpfst.

Dünnhäutig

Kruste.
Als sei sie,
die Erde, die uns trägt,
robuste Kruste.

So bevölkern wir sie,
gewohnt, dass sie
Quellen gebiert, Früchte treibt
und uns nährt.

Manchmal jedoch
streift uns
mit dem Wind
eine Ahnung:

wir,
ihre Kinder,
leben auf dünner
verwundbarer Haut.

Wenig nütze sein

„Wie wenig nütze ich bin", seufzt die Dichterin Hilde Domin in einem Gedicht. „Ich hebe den Finger und hinterlasse nicht den kleinsten Strich in der Luft."

Ach, ich kann das so gut verstehen. Nutzlos und klein – so fühle ich mich auch manchmal. Was kann ich schon ausrichten im Getriebe der Welt? Wenn ich meinen Alltag anschaue, dann sehe ich vieles, was kaum eine Spur hinterlässt.

Ich wasche die Wäsche. Eine Woche später ist sie wieder dreckig.

Ich koche ein Mittagessen. Eine Stunde später steht nur noch das schmutzige Geschirr auf dem Tisch.

Manchmal gerate ich ins Grübeln: Welchen Sinn hat das, was ich tue? Fast jeden Tag dasselbe. Und wenn ich es nicht täte, würde es überhaupt jemand merken?

Wenn ich solche Gedanken habe, dann gibt es zum Glück eine Stimme in mir, die sagt: Moment mal! So ist es doch auch nicht!

Ich denke wieder an Hilde Domin. Sie war eine Dichterin. Sie konnte die richtigen Worte finden, kleine, wenige Worte. Worte aber, die Menschen manchmal über eine lange Zeit begleitet und ermutigt haben. Und so hat sie Spuren hinterlassen.

Diese Spuren sieht man oft nicht, sie sind ja in den Herzen der Menschen. Aber sie wirken weiter.

Dabei muss es nicht das große Ganze sein. Kleinigkeiten reichen. Es sind die kleinen Dinge, die sich in der Erinnerung festhaken. Es sind die Details in der Schatzkiste des Lebens, von denen man lange zehren kann.

Das Gespräch mit einer Freundin, in dem mich ein Geistesblitz trifft, wie sich eine schwierige Situation lösen ließe. Ein Anruf, der mich aus Grübeleien reißt. Hinterher kommt es mir vor, als falle nun etwas mehr Licht durchs Fenster.

Die kleinen Spuren sind es, die oft viel bewirken können. Und die legen wir Menschen manchmal ohne es zu merken. Einfach, weil ich im richtigen Moment zur Stelle war mit dem, was ich geben kann.

Dann gelingt das, was Hilde Domin am Ende ihres Gedichtes so ausdrückt:

„Und im Vorbeigehn,
ganz absichtslos
zünde ich die ein oder andere
Laterne an
in den Herzen am Wegrand."

(aus: Hilde Domin, Wie wenig ich nütze bin. Aus: dies., Gesammelte Gedichte. © S. Fischer Verlag GmbH, Frankfurt am Main 1987, S. 30f.)

Alles umsonst?

Da habe ich mir mit einer Sache große Mühe gemacht und dann kommt nichts dabei heraus. Alle Arbeit umsonst. Vergeblich habe ich Zeit und Kraft hineingesteckt.
Längst nicht alles, was ich tue, ist von Erfolg gekrönt.
Die bittere Erfahrung von Vergeblichkeit gehört zum Leben dazu. Mit ihr umzugehen, bleibt eine Herausforderung.

Doch möchte ich darüber auch das andere nicht vergessen:
Meine Kräfte waren größer als ich dachte und ich wuchs über mich selbst hinaus. Als habe einer für Rückenwind gesorgt.
Was ich nicht für möglich gehalten hatte, stellte sich ein. Als wolle das Leben mich überraschen.
Was ich verzagt angefangen habe, hat sich prächtig entwickelt und ist über die Maßen gewachsen. Als habe es einer mit Segen benetzt.

Segenswunsch: Ernten dürfen

Ich wünsche dir
das Glück,
ernten zu dürfen.

Ich wünsche dir
Augen, die staunen
über die Farben der Astern,

einen Mund, der „Danke" sagt
für himmlische Äpfel
und erdige Kartoffeln,

und Hände, die teilen,
womit sie beschenkt wurden.

Gott gießt seinen Segen
über uns aus,
damit wir ihn weitergeben
mit Augen, Mund und Händen.

OKTOBER:
Olympiade des Guten

Lasst uns aufeinander achthaben und einander anspornen
zur Liebe und zu guten Werken.
HEBRÄER 10,24 (L)

Olympiade des Guten

Die Läuferinnen und Läufer stehen in ihren Trikots am Start. Ein Trai-
ner gibt ein paar Tipps. Nicht zu schnell loslaufen, dein Anfangstempo
muss langsam sein. So hältst du länger durch.
Am Rande die Zuschauer*innen. Manche wedeln mit selbstgebastelten
Fähnchen. Andere haben Wasserfläschchen in der Hand, falls die Sportler*innen zu sehr ins Schwitzen kommen.
Endlich der Startschuss: Los geht's!

Ein Sponsor*innenlauf in unserem Viertel. Die Läufer*innen haben in
ihrer Familie, bei Freundinnen und Bekannten um Unterstützung gebe-
ten: Wer gibt eine Spende für jeden Kilometer, den ich laufe? Auf einer
Karte tragen sich die Sponsor*innen ein, mit dem Betrag, den sie geben
wollen und ihrer Unterschrift.
Alles Geld, das so zusammenkommt, wird gespendet, für einen guten
Zweck.

Ich weiß selbst noch, wie ich als Jugendliche einmal Rad gefahren bin für den Bau einer Schule in Afrika.

Wie sehr hat es mich motiviert, über meine Grenzen zu gehen! Ich sah die Mädchen und Jungen fast vor mir, wie sie Lesen, Schreiben und Rechnen lernten. Wie sie in der Pause Ball spielten oder gemeinsam zu Mittag aßen. Jede Runde bedeutete ein paar Bausteine mehr.

Der Ehrgeiz, nicht als Erste aufzuhören, gesellte sich dazu. Und am Ende war ich selbst verwundert über die Kilometerzahl, die ich schwarz auf weiß auf meinem Sponsor*innenkärtchen las.

Fröhlich und erschöpft sammelte ich bei denen, die mich unterstützten, das Geld ein und freute mich über den ein oder anderen erstaunten Blick. So viele Kilometer hatten manche mir nicht zugetraut. Nun mussten sie mehr zahlen als gedacht. Aber alle gaben mir das Geld gerne. Stolz lieferte ich es bei unserem Pastor ab.

Ich hatte lange etwas von diesem Tag. Eine Woche später schmerzte der Muskelkater immer noch.

Aber auch andere hatten lange etwas davon. Bildung und Brot. Und ein Stück Zukunft.

Solche Veranstaltungen sind für mich eine kleine Olympiade des Guten. Ein Wettbewerb, bei dem es nur Gewinner*innen gibt.

Es macht Spaß, mit andern zusammen für ein gemeinsames Ziel zu laufen oder zu radeln.

Und wer nicht mitmachen kann, kann doch etwas beitragen:
Anspornen. Durch eine Spende, jeder noch so kleine Betrag treibt die Sportler*innen an, an ihre Grenzen zu gehen und noch eine Runde mehr zu laufen.

Und dann beim Lauf selbst. Am Rande stehen, klatschen, unterstützen, motivieren.

Miteinander können wir viel bewegen und die Welt zum Guten verändern.

Gemeinsam ins Ziel

„Special Olympics", so nennt sich die größte Sportbewegung für Menschen mit geistigen Beeinträchtigungen.

Bei einem ihrer Rennen soll Folgendes passiert sein:

Einer der Läufer stolpert kurz vor dem Ziel und stürzt. Aus ist sein Traum, auf dem Siegertreppchen zu stehen.

Da passiert es: Der Gegner, der einen leichten Vorsprung hat, bemerkt, dass sein Verfolger hingefallen ist. Und: Er macht auf dem Absatz kehrt und läuft zurück. Tröstend umarmt er den, der am Boden liegt.

Auch die anderen Läufer unterbrechen ihr Rennen. Alle kommen sie zu dem, der gefallen ist. Sie umringen ihn, dann helfen sie ihm auf und laufen miteinander weiter, in einem Tempo, bei dem alle mithalten können. Gemeinsam kommen sie ins Ziel.

Wie wäre das, auch in anderen Zusammenhängen, die Menschen um mich nicht in erster Linie als Konkurrent*innen, Gegner*innen oder gar Feind*innen zu sehen? Wie wäre es, wenn Mitleid und Barmherzigkeit größer wären als Ehrgeiz und Siegeswillen?

Und wir uns aufmachen zu anderen Menschen, besonders zu denen, die am Boden sind, auf einen Weg, der uns gemeinsam ins Ziel bringt?

Gebet: Schön bist du

Schön bist du,
dein Name ist Gerechtigkeit.

Schön wird das Land,
in dem du wohnst,
mitten unter uns Menschen.

Da gibt es
in Hecken und Zäunen
ein Tor,
das offensteht.

Da hat einer
auch den anderen im Blick,
ihm fiele nicht ein,
sich zu bereichern auf seine Kosten.

Wir verstehen uns darauf,
miteinander zu teilen.
Gaben und Geld,
Zeit und Zärtlichkeit,
Brot und Boden,
Träume und Tränen.

Gutmensch wäre kein Schimpfwort mehr
und die Willkommenskultur eins der höchsten Güter.

Pflanz in uns
eine Sehnsucht ein
nach dir, dessen Name
Gerechtigkeit ist.

Damit wir schön werden,
damit schön werde das Land,
schön diese Erde,
auf der wir leben.

Leere Hände

Ich habe sie schon öfter gesehen, die junge Frau aus der Nachbarschaft, mit ihrer dicken Brille und dem unsicheren Gang. Nun steht sie am Straßenrand, schaut hin und her, tritt mit einem Fuß auf die Fahrbahn, und zieht ihn, als sie das Auto sieht, wieder zurück. Das Auto ist noch weit entfernt, und doch traut sie sich nicht loszulaufen. Ein paar Mal geht das so.

Ich gehe zu ihr, frage, ob ich ihr helfen soll. „Wenn Sie möchten", sagt sie. Ganz selbstverständlich nimmt sie meine Hand auf genau die Weise, die ihr hilft. Ich merke, dass ich selber nie so nach der Hand eines mir fremden Menschen fassen könnte.

Ich schaue nach links, nach rechts, noch einmal nach links. Die Straße ist frei. Wir gehen los. Durch ihren unsicheren Gang entsteht bei jedem zweiten Schritt ein Druck in meiner Hand, an dem ich spüren kann, wie anstrengend es für sie sein muss, zu gehen. Zehn Schritte lang ihre rechte Hand in meiner linken, meine unten, ihre oben, meine hält, ihre lässt sich halten. Fünf Mal der stärkere Druck, dann eine kleine Zäsur, als sie den Bordstein hinaufsteigt. Ein Blick, durch die dicken Gläser suchen ihre Augen meine. „Danke", sagt sie.

Dann lässt sie los, und ich gehe allein über die Straße zurück. Zehn Schritte, und ganz langsam lässt meine Hand mich wissen, dass sie jetzt nichts und niemanden mehr hält, Schritt für Schritt spüre ich mehr, wie leer sie ist, vollkommen leer.

Ein Gartenzwerg auf Reisen

Ein Gartenzwerg geht auf Reisen. Normalerweise steht er stumm und starr vor dem Haus eines Mannes, der früh verwitwet ist. Der hat im Garten ein Miniaturmausoleum für die Asche seiner Frau angelegt. Sie mochte den Gartenzwerg zu ihren Lebzeiten gar nicht. Nun aber hat ihr Mann sie mit ihm zwangsversöhnt, und der steinerne kleine Mann wacht über ihr Grab.

Der Witwer aber lebt zurückgezogen seinen Alltag, in dem sich alles um ihn selbst dreht. Seiner Tochter Amélie hört er kaum zu, wenn sie ihn besucht. Als sie ihm vorschlägt, doch einmal zu verreisen und sich die Welt anzuschauen, winkt er nur müde ab.

Eines Tages ist da, wo sonst die rote Mütze des Gartenzwergs leuchtet, ein leerer Fleck. Der Winzling ist weg. Der Mann wundert sich, doch geht er der Sache nicht weiter nach.

Dann aber flattert eines Tages eine Postkarte ins Haus. Auf der Vorderseite grinst ihn frech ein Mützenmännchen an: sein Gartenzwerg. Im Hintergrund ist der Moskauer Kreml zu sehen.
Der Mann staunt nicht schlecht. Das ist sein Gartenzwerg, ganz klar. Wie kommt der denn nach Moskau? Das kann nicht sein. Ein steinernes Männchen, das auf Reisen geht.

Einige Zeit später steht der kleine Kerl wieder im Garten, an seinem angestammten Platz, die rote Mütze leuchtet dem Mann vertraut entgegen. Alles wie immer, als sei nichts Besonderes geschehen. Und der Alltag nimmt seinen grauen Verlauf.

Doch der Zwerg bleibt nicht, wo er ist. Immer wieder geht er auf Reisen. Und seine Postkarten flattern ins Haus: aus New York, Kambodscha und Athen.

Und im Vordergrund der Gartenzwerg, der seinem Besitzer vergnügt und auffordernd entgegenlacht, als wolle er sagen: Komm doch auch, hier ist es schön! Was willst du zu Hause versauern und in deiner Trauer versinken? Die Welt ist weit und lädt dich ein, sie zu betreten!

„Die fabelhafte Welt der Amélie" ist ein Film, in dem die Protagonistin Amélie beschließt, sich in das Leben anderer Menschen einzumischen. Sie macht sich Gedanken, was andere brauchen, damit sich ihr Leben zum Guten verändert.
Für die trauernde Hausmeisterin fälscht sie einen Liebesbrief ihres vor vielen Jahren verschollenen Ehemannes.
Dem fiesen Monsieur Collignon, der seinen Mitarbeiter Lucien gemein behandelt, verpasst sie einen Denkzettel. Ihren Vater aber, den Stubenhocker, lockt sie mithilfe des Gartenzwergs hinaus in die Welt. Ihre Freundin, eine Stewardess, hilft ihr dabei.

Viel Geduld brauchen die drei. Denn Amélies Vater ist ziemlich stur.
Wieder und wieder muss der kleine Mützenmann auf Reisen gehen und sein Gesicht vor berühmten Bauwerken in die Kamera halten.
Endlich aber scheint der Witwer seinen Lockruf zu hören und ihm zu folgen. Wir sehen ihn, wie er sein Haus verlässt. Einen roten und einen schwarzen Koffer zieht er hinter sich her und steigt dann in ein Taxi: „Einmal zum internationalen Flughafen bitte", hören wir ihn sagen, bevor die Autotür sich schließt.

Segenswunsch: Geben und Nehmen

Ich wünsche dir das Glück,
geben zu können,
in den Zeiten,
da deine Vorratskammern gefüllt sind
mit Kraft oder Geld,
Zeit oder Liebe.

Ich wünsche dir das Glück,
nehmen zu dürfen
in den Zeiten,
da deine Ressourcen sich erschöpfen
und du schwach bist,
arm oder bedürftig.

Ich wünsche dir,
dass du in deinem Leben
beides erfährst:
das Glück zu geben und zu empfangen.

NOVEMBER:
Ein Kompass für das Herz

Der Herr aber richte eure Herzen aus auf die Liebe Gottes
und auf das Warten auf Christus.
2. THESSALONICHER 3,5 (L)

Es liegt an mir

Ein später Herbsttag, wir sind ein Stück herausgefahren und gehen nun
an der Weser spazieren, zwischen Vergangenheit und Gegenwart, beides
hat sich in die sanften Hügel eingetragen. Alte Fachwerkhäuschen, eine
Domäne, von einer Steinmauer umgeben, die Kirchen, evangelische und
katholische, ein Supermarkt am Ortsrand, ein Imbiss und nicht weit entfernt der Betonturm des nahegelegenen Kernkraftwerks.

Alles leuchtet in der schrägen Herbstsonne, am Himmel ist keine Wolke
zu sehen. Wir gehen an einer alten Mauer entlang, Schutz für das Dorf,
vor Feinden und Hochwasser.
Da entdecke ich eine Gedenktafel:
Einmal ist hier ein jüdischer Friedhof gewesen.

Nationalsozialisten haben ihn geschändet und dann zerstört. Keine Spur
ist davon geblieben.

Ich weiß, dass die Menschen, die hier begraben lagen, darauf vertrauten, dass ihre Ruhestätte bis zum Ende der Welt unangetastet bleibt. Dann erwarteten sie ihre Erlösung.

Wo sind diese Toten geblieben? Und wo sind ihre Hoffnungen jetzt?

Wenige Tage später laufe ich am Abend durch unsere Stadt. Es ist schon dunkel, da sehe ich auf dem Gehsteig zwei rote Rosen liegen. Ob jemand sie verloren hat? Ich bücke mich und erkenne die Stolpersteine, fünf golden schimmernde Quadrate, auf jedem ein Name, Geburtsdatum, Sterbedatum, Sterbeort. „Auschwitz" lese ich auf einem, auf anderen steht „Theresienstadt". Erinnerungen an die deportierten Juden und Jüdinnen unserer Stadt.

Es ist der 9. November, der Gedenktag an die Reichspogromnacht, in der 1938 das jüdische Leben in Deutschland zerstört wurde. Heute, am Nachmittag, hat die evangelische Jugend diese Stolpersteine gereinigt und für jeden der ermordeten Menschen eine rote Rose abgelegt.
Statt fünf Rosen aber liegen hier nur zwei.
Als ich mich umschaue, sehe ich einige Meter weiter einen weiteren Rosenstiel, die Blüte aber ist zerfleddert. Ich hebe sie auf, trage sie zurück.

Ich weiß, was in der Reichspogromnacht geschehen ist. Oft genug habe ich die Bilder im Fernsehen gesehen. Wie Synagogen zerstört wurden, ihre Scheiben zerschlagen und ihre Altäre angezündet. Wie uniformierte Männer sich nicht einmal scheuten, auf die Thorarollen zu urinieren, die heiligen Schriften der Menschen jüdischen Glaubens.
Ich weiß um Züge, die in Richtung Osten fuhren, darin eingepfercht Männer, Frauen und Kinder.

Nun aber spüre ich es auf andere Weise, ohne die Buchdeckel, die ich jederzeit zuklappen kann, ohne schützende Mattscheibe zwischen mir und dem, was ich sehe.

120

Hautnah.

Das ist die Geschichte der Landschaft, die ich Heimat nenne, denke ich.

Die so idyllisch erscheint, wenn die Herbstsonne schräg auf sie fällt.

Hier ist es passiert. Hier haben die einen das zerstört, was anderen heilig ist.

Und in meiner Stadt mit ihren schmucken Fachwerkhäusern: Hier haben die einen die anderen gezwungen, ihre Habseligkeiten in ein Köfferchen zu packen und sich dann auf eine Reise zu machen, auf der ihnen jegliche Würde und zuletzt das Leben genommen wurde.

Hier gibt es heute Menschen, darunter viele Jugendliche, die die Stolpersteine für die deportierten Juden unserer Stadt polieren und Rosen auf sie legen. Und es gibt andere, die diese Steine nicht beachten, ja, sie mit Füßen treten und die Rosen zerfleddern.

Es liegt an mir, zu welchen von ihnen ich gehören will.

Kurz vor zwölf

Der Bote sortiert Briefe
auf dem Weg zur Tür.
Am Rande die Blätter
beben, als er sie streift.

Kurz vor zwölf.
Wem schulde ich
meine Zeit?

Zitternd reiß ich
jeden Umschlag auf,
der aussieht, als enthalte er
eine Rechnung.

Anders gesagt: Buß- und Bettag

Und wenn dieser Tag einlädt zu einem Wunschkonzert?
Buße ermöglicht, mir mein Leben anders zu wünschen.
Was wäre, wenn ich noch einmal beginnen dürfte?
Welches Verhalten möchte ich ändern?
Beten macht möglich, mir die Welt neu zu erträumen.
Wenn ich einen Wunsch freihätte für die Erde, wie lautete er?
Was kann ich tun, damit er sich erfüllt?

Das Leben in fünf Sekunden

Das Leben in fünf Sekunden: So heißt ein Büchlein, das mich neugierig macht. Tatsächlich, dort sind auf jeder Seite einige wenige Piktogramme zu sehen, kleine, vereinfachte Bildzeichen, anhand derer man etwas erraten muss. Einen Begriff, ein Ereignis, einen Gegenstand, eine Person.

Zwei Männer, die eine Sänfte tragen - Ein Mann, der eine Rikscha zieht - Ein Pferd, das vor eine Kutsche gespannt ist - Ein Auto mit einem kleinen Schild auf dem Dach. Gesucht wird das Taxi.
Oder: Der Eiffelturm - Ein Sonnenblumenstrauß - Ein Ohr - Eine Pistole.
Gesucht wird Vincent van Gogh.

Das Raten macht Spaß und ist lustig. Tatsächlich sind eine lange Entwicklung oder ein ganzes Leben anhand weniger Bilder erkennbar. Natürlich ist das meiste weglassen, ein Leben besteht aus viel mehr. Und doch gibt es diese Momente oder Eigenschaften, durch die eine Epoche oder ein Leben einzigartig wird.
Ich überlege: Welche Piktogramme würden wohl für mich selber stehen? Was macht mich und mein Leben aus, ja, wodurch wird es erkennbar und unverwechselbar?
Und: Welche Bilder wünsche ich mir? Was sollen die Wesenszüge meines Lebens sein?
Das lustige Ratespiel enthält doch ernste Fragen. Wie will ich mein Leben gestalten, um Bilder hervorzubringen, die ich schön finde?

Mein Herz auszurichten auf die Liebe, die Gott selbst ist. Das wünsche ich mir. Damit ihre Icons über meinem Leben stehen und es unverwechselbar machen.

(nach: Matteo Civaschi und Gianmarco Milesi: Das Leben in fünf Sekunden, Fischer Taschenbuch, Frankfurt am Main 2013.)

Gebet: Kompass

Einen Kompass gib mir,
guter Gott,
für mein Herz.

Richte ihn aus,
hin zu dir,
hin zur Liebe.

Segenswunsch: Brise

Ich wünsche dir,
dass Träume dich tragen
über den Alltag hinaus
in die Ferne.

Ein Staunen
über das Fremde
und ein Vergnügen
am anderen
wünsche ich dir.

Wie eine Brise
wehe frisch die Frage
durchs Fenster,
ob denn wirklich alles
so bleiben muss
wie es war.

DEZEMBER:
Ein besonderer Gast

Freue dich und sei fröhlich, du Tochter Zion! Denn siehe, ich
komme und will bei dir wohnen, spricht der HERR.
SACHARJA 2,14 (L)

Advent

Zartes Licht
findet dich auf.

Als habe einer gewartet

Sie drückt die Klinke hinunter und öffnet die schwere Tür. Lange schon ist sie nicht mehr hier gewesen. Jetzt betritt sie leise den Kirchenraum.

Langsam geht sie nach vorn, Schritt für Schritt, schaut auf das runde Fenster über dem Altar, das im Sonnenschein bunte Lichtflecken in den Raum wirft. Es kommt ihr vor, als sei die Kirche kleiner geworden.
Sie setzt sich in die zweite Bank. Da hat sie als Konfirmandin immer gesessen. Eigentlich ist sie damals ganz gern gekommen. Sie mochte besonders die Lieder. Und den Segen zum Schluss. Aber das durfte man natürlich nicht sagen.

Sie schaut auf den Adventskranz, der neben dem Altar hängt. Drei neue Kerzen, eine angebrannte. Es geht im Eiltempo auf Weihnachten zu.
Sie ist schon lange nicht mehr in einer Kirche gewesen. Keine Zeit. Im Advent schon gar nicht. Da ist ja so viel zu tun.
Nein, eigentlich ist es nicht nur die Zeit, die fehlt. Ehrlich gesagt war sie auf den lieben Gott in den letzten Jahren nicht gut zu sprechen. Die Trennung von ihrem Mann, das war hart. Und dann noch der Tod ihrer Mutter, der so plötzlich kam. Tränen steigen ihr in die Augen. Sie vermisst sie noch immer. Manchmal hat sie sich gefragt, wo da Gott wohl geblieben ist. Ob er sie vergessen hat?

Ihr Blick fällt auf das Bild über dem Altar: Maria, Josef und das Kind. Ein Säugling, gerade erst geboren. Doch von seiner Krippe geht ein Lichtschein aus.

Sie spürt ihre alte Sehnsucht wieder, nach einem, der Licht in dunkle Zeiten bringt. „Ich habe Gott aus den Augen verloren", denkt sie.

Sie nimmt das Gesangbuch, das hat wohl einer in der Bank liegen lassen. Lied Nummer eins steht an der Anschlagtafel. Neugierig schlägt sie es auf. Das erste Lied im Gesangbuch ist ein Adventslied: „Macht hoch die Tür, die Tor macht weit".

Sie denkt daran, wie sie vorhin die schwere Kirchentür geöffnet hat. Zum ersten Mal seit langem. Sie ist froh, dass sie gekommen ist. Es ist, als habe hier einer auf sie gewartet.

(aus: Tina Willms: Erdennah – Himmelweit. Ein Jahresbegleiter zu den Wochensprüchen. Andachten, Gedichte und Gebete, © 2014 Neukirchener Verlagsgesellschaft mbH, Neukirchen-Vluyn, 4. Auflage 2019, S. 8.)

Gebet: Ja, komm!

Ja, komm,
und wohne unter uns,
guter Gott.

Streu deinen Frieden
uns ins Herz.

Lass leuchten unser Antlitz
unter deinem Segen.

Sprich dein "Fürchte dich nicht!"
in unser Verzagen.

Lass deinen Stern aufgehen
in unseren Nächten.

Und beflügele uns,
damit wir hier und da
zu Engeln werden.

Macht hoch die Tür

Macht hoch die Tür, die Tor macht weit!
Mit dem ersten Lied aus dem Gesangbuch beginnen am ersten Advent
viele Gottesdienste: ein doppelter Anfang.

Probier es aus, sagt es mir. Öffne die Tür, vielleicht steht er ja da:
Gott, ein Gast, mit dem ein Leuchten ins Haus weht.

Heil und Leben bringt er mit sich, so heißt es in dem Lied.

Einer holt mich aus dem Hamsterrad und führt mich zurück zu mir.
Er sieht meine Wunden und verbindet sie.
Einer füllt meine Leere mit neuem Leben.

Sanftmütigkeit und Barmherzigkeit regieren dort, wo er einzieht.

Einer kratzt mein verkrustetes Herz vorsichtig frei.
Er nimmt mir den Zorn aus Mund und Faust.
Einer macht mich berührbar und einfühlsam.

Ja, eine wahre Freudensonne sei er.

Ein Licht ist er, das sich weder einfangen noch aufhalten lässt.
Er scheint in mein Leben, bis in die dunklen Winkel hinein.
Und bringt eine Freude mit sich, die tief greift und weit reicht.

Probier es aus!

Mit der ersten Kerze auf dem Adventskranz fange ich an.
Ich nehme mir Zeit und lasse mich ein.
Täglich denke ich ein „Willkommen" in die Stille.

Ich öffne die Herzenstür.
Und halte für möglich, dass ein Leuchten hineinweht:
Ins Haus und ins Leben.

Ins Leben treten

Über den dunklen Tagen
geht nun die Nacht auf
mit mildem Schein.

Und in den Winter ist
eine Blüte gewachsen,
die unter dem Schnee
an Farbe gewinnt.

Es ist die Zeit,
in der Bilder sich
aus dem Rahmen lösen.

Als wollten sie endlich
ins Leben treten.

Sollte es klopfen,
so öffne die Tür.

Sieben Weihnachtswünsche

Einen Duft,
der durch
die Zeiten weht.

Einen Himmel,
der über dir
offen steht.

Ein Lied,
das noch lange
in dir erklingt.

Einen Menschen,
der mit dir
von Freude singt.

Ein Licht,
das goldenen Glanz
verbreitet.

Einen Stern,
der dich
durch das Dunkle leitet.

Und auf all deinen Wegen
einen Engel,
der dich begleitet.

Bilanz

Was war in diesem nun fast vergangenen Jahr?
Ich blicke zurück:

Welche Freude ist mir begegnet?
Welches Glück hat mich besucht?
Welcher Schmerz hat mich bedrängt?
Welcher Kummer legte sich auf mein Gemüt?
Wen durfte ich in meinem Leben neu begrüßen?
Wer kam mir nah, wer entfernte sich?
Wem trauere ich nach?
Welche Möglichkeiten habe ich ergriffen?
Welche Chancen ließ ich verstreichen?
Habe ich freundlich auf mich selber geblickt
oder bin ich mir selbst kritisch begegnet?
Wen habe ich beglückt?
An wem bin ich schuldig geworden?
Was möchte ich aus den Händen geben und zurücklassen?
Was nehme ich mit, um es zu bewahren?

Gott sieht meine Gedanken von ferne.
Ihm vertraue ich an, was war und was kommen wird.

DANK

Freiraum und Unterstützung sind nötig, damit das Schreiben mir möglich ist.
Ich danke meiner Familie, dass sie mir beides gewährt.

Meiner Schwester Heinke Willms danke ich für ihren Gastbeitrag.

Wertvolle Anregungen und Fragen zum Manuskript verdanke ich Annette Baden-Ratz, Marlen Ulbrich und Heinke Willms.
Ohne ihren kritischen und würdigenden Blick hätte ich kaum den Mut gehabt, dieses Buch zu veröffentlichen.

QUELLENVERZEICHNIS

Die Jahreslosung und Monatssprüche 2021 hat die ÖAB auf Ihrer Jahrestagung vom 19. bis zum 21. Februar 2018 festgelegt.
Ökumenische Arbeitsgemeinschaft für Bibellesen (ÖAB): www.oeab.de, info@oeab.de

Alle Bibelverse sind, soweit nicht anders angegeben, entnommen aus:
Lutherbibel, revidiert 2017, © 2016 Deutsche Bibelgesellschaft, Stuttgart (in den Texten abgekürzt mit L);
Einheitsübersetzung der Heiligen Schrift, revidierst 2017, © 2017 Katholische Bibelanstalt, Stuttgart (in den Texten abgekürzt mit E). Alle Rechte vorbehalten.

Altmann, Andreas: Das Scheißleben meines Vaters, das Scheißleben meiner Mutter und meine eigene Scheißjugend, Piper Verlag, München, 4. Auflage 2015.

Civaschi, Matteo und Milesi, Gianmarco: Das Leben in fünf Sekunden, Fischer Taschenbuch, Frankfurt am Main 2013.

Domin, Hilde: Wie wenig ich nütze bin. Aus: dies., Gesammelte Gedichte, © S. Fischer Verlag GmbH, Frankfurt am Main 1987, S. 30f.

Domin, Hilde: Von der Natur nicht vorgesehen, S. Fischer, München, 3. Auflage 1981, S. 23f.

Ortheil, Hanns-Josef: Die Erfindung des Lebens, Luchterhand Literaturverlag, München 2009.

Piumini, Roberto: Eine Welt für Madurer, Carl Hanser Verlag, München 1999.

Willms, Tina: Erdennah – Himmelweit. Ein Jahresbegleiter zu den Wochensprüchen. Andachten, Gedichte und Gebete, © 2014 Neukirchener Verlagsgesellschaft mbH, Neukirchen-Vluyn, 4. Auflage 2019, S. 8.

Willms, Tina: Am Wegrand: Ein Wunder. Mit offenen Sinnen durch das Jahr, © 2016 Neukirchener Verlagsgesellschaft mbH, Neukirchen-Vluyn, S. 85.

Willms, Tina: Zwischen Abschied und Anfang. Ein Begleiter durch die Passions- und Osterzeit. Andachten, Gedichte und Gebete, © 2020 Neukirchener Verlagsgesellschaft mbH, Neukirchen-Vluyn, S. 129.

Willms, Tina: Zwischen Stern und Stall. Ein Begleiter durch die Advents- und Weihnachtszeit. Andachten, Gedichte und Gebete, © 2015 Neukirchener Verlagsgesellschaft mbH, Neukirchen-Vluyn, 3. Auflage 2018, S. 120.

Wir haben uns bemüht, alle Rechteinhaber ausfindig zu machen und zutreffend zu benennen. Wir bitten um Kontaktaufnahme zur Neukirchener Verlagsgesellschaft, sollten Rechte nicht oder nicht ausreichend angegeben sein.

Notizen